부동산 투자, 제대로 하려면 땅부터 하라
한 권으로 끝내는 토지 투자 성공공식

부동산 투자, 제대로 하려면 땅부터 하라

한 권으로 끝내는
토지 투자 성공공식

토지대장(고경민) 지음

매일경제신문사

프롤로그

초저금리 시대, 땅테크가 최고의 재테크 수단으로 떠오르고 있다. 그런데 많은 사람들이 '실제 수익률을 올릴 수 있는 투자처가 남아 있을까?', '소문만 듣고 투자를 잘못해서 돈을 잃지는 않을까?' 하는 마음에 주저한다. 토지 투자를 통해 높은 수익률을 올리고 싶지만, 한편으론 소중히 모은 돈을 잃지 않을까 두려워하는 것이다. 사실 토지에 투자한다고 모두 돈이 되는 게 아니다. 좋은 토지에 투자한다는 전제가 있어야 한다. 그렇지 않으면 쓸모없는 토지임에도 '사두면 돈 된다'는 기획 부동산 회사의 속임수에 넘어가게 되기도 한다.

그러면 어떤 토지가 좋은 토지일까? 좋은 토지란, 가격이 꾸준히 오르는 토지다. 가격이 꾸준히 오르는 토지는 환금성의 문제가 저절로 해결되는 토지다. 아파트도 가격이 오를 때 거래가 잘되듯, 좋은 토지는 가격이 오르는 곳이며, 가격이 오르는 토지는 거래가 잘되는 토지다. 그렇다면 안 좋은 토지는 뭘까? 바로 거래가 안 되는 토지다. 거래가 안 되는 이유는 토지 가격이 오르지 않기 때문이다. 이런 땅은 오랜 시간이 지나도 거래가 안 되어 기회비용을 고려하면 손해 보는 토지다.

아파트 투자보다 쉬운 토지 투자

 "저는 토지 투자보다 아파트 투자가 더 좋아요"라고 말하는 사람들이 많다. 실제 초보 투자자들이 가장 먼저 진입하는 시장이 아파트 시장이다. 하지만 여러분이 아파트, 단독주택, 다가구주택, 오피스텔, 상가 등 어느 부동산에 투자하더라도 반드시 토지를 알아야 한다. 그 이유는 어느 부동산 종목을 막론하고 근본적으로 토지 투자를 하고 있기 때문이다.

 쉬운 예를 보자. 지하철 발표부터 개통까지 아파트 가격은 꾸준히 오른다. 지하철보다 더 큰 호재는 없을 정도로 큰 호재다. 대형병원이나 학교가 생겨도 아파트 가격이 오른다. 특히 초등학교가 생긴다면 초품아(초등학교를 품은 아파트)라는 이름으로 가격이 오른다. 백화점이나 쇼핑몰이 생기거나 도로가 새로 나거나 관공서가 들어서면 아파트 가격이 오른다. 기타 수많은 이유에서 아파트 가격은 오른다. 그런데 자세히 보면 이런 아파트 가격이 오르는 이유가 곧 토지 가격이 오르기 때문이다. 사실 아파트 건물은 시간이 흐를수록 노후화되고 감가상각이 발생한다. 따라서 엄밀히 말해 아파트 가격은 오르지 않은 것이 정확한 표현이고 사실이다. 그런데도 아파트 가격이 오르는 것은 토지 가격이 오르기 때문이다. 결과적으로 아파트 투자를 하는 사람들도 사실은 토지 투자를 하는 것이다.

강남에 있는 아파트와 지방에 있는 아파트의 표준 건축비는 별 차이가 나지 않는다. 그럼에도 불구하고 아파트 가격이 큰 차이가 발생하는 것은 토지 가격의 차이 때문이다. 강남 아파트에 투자하는 것은 아파트에 투자하는 것이 아니라 아파트가 있는 강남이라는 토지에 투자하는 것이다. 결과적으로 여러분이 아파트 투자에서 성공하려면 토지를 볼 줄 아는 안목을 지녀야 한다.

토지 투자, 어렵지 않다. 사람들이 선호하는 아파트가 인기가 있는 것처럼 토지도 사람들이 선호하는 호재가 있어야 인기가 있고 토지 가격이 꾸준히 오른다. 실제 토지 투자를 해보면 아파트 투자보다 더 쉽다는 것을 느낄 것이다. 어떤 토지가 오를지, 돈이 되는지가 공식처럼 정해져 있기 때문이다. 어찌 보면 그대로 따라 하기만 하면 된다. 그러니 아직 토지 투자를 해보지 않은 입문자일지라도, 오늘부터 토지 투자 공부를 시작해보자. 시작이 반이라는 말이 있듯, 애정 어린 관심이 여러분을 토지 투자의 고수로 이끌어줄 것이다.

여러분의 토지 투자 성공을 기원하며
고경민(토지대장)

차례

프롤로그 • 005

PART 1 왕초보도 수익 내는 토지 투자법

편견을 버리면 토지 투자의 눈이 떠진다 • 014
토지를 알면 어느 곳의 집값이 오를지 알 수 있다 • 016
토지를 알면 어느 곳의 상가가 오를지 알 수 있다 • 020
건물보다 토지가 더 높이 상승하는 이유 • 023
사 줄 사람 입장에서 토지를 봐야 한다 • 025

PART 2 용도지역을 알면 이미 반은 성공이다

토지의 가치는 이미 정해져 있다 • 030
쓰임새가 다양해 환금성이 높은 땅을 공략하자 • 033
용도지역에 따른 투자 선호도 • 037
이런 땅에 장기 투자 해놓자 ① • 040
이런 땅에 장기 투자 해놓자 ② • 043
얼마나 크고 높게 지을 수 있을지 정해져 있다 • 047
경사진 땅을 잘 활용하면 가치가 높다 • 051
같은 용도지역인데 건축 모양이 달라진 이유 • 055
용도지역이 상향되는 곳 알아보는 방법 • 059

 **PART 3 초보자도 쉽게 배우는 토지 투자 성공비법**

낙찰받고 한 달 만에 2,500만 원 수익 낸 토지 • 066
3억 5,000만 원에 산 토지, 3년 후 9억 원에 팔다 • 069
향후 입지가 좋아져 매수자가 풍부해질 지역을 찾자 • 072
효율적인 토지 투자 순서 • 075
개별공시지가와 시세 차이의 간격 • 078
지목과 토지의 가치는 별개다 • 080
주변 건물을 유심히 보면 토지 안목이 높아진다 • 082
용도에 맞는 토지 크기가 있다 • 085
합필, 토지의 가치를 높이다 • 089
분필, 먹기 좋은 떡이 잘 팔린다 • 092

 **PART 4 초보자도 쉽게 따라 하는 농지 투자법**

이런 농지가 투자 가치 좋다 • 098
가치가 낮으면 싼 가격이 무용지물이다 • 102
농취증 발급, 어려워하지 말자 • 104
농지, 틈새 시장 공략하는 법 • 108
싼지, 비싼지 한눈에 알아보는 농지 가격 산정법 • 111
원하는 행위가 가능하면 굳이 비싼 땅을 살 필요가 없다 • 113
환골탈태, 팔자가 바뀌는 농지가 있다 • 115

전 국토의 65%인 산지, 투자의 보물이다

제대로 투자하면 큰돈 되는 산지 • 120
경사가 가파르면 개발이 되지 않는다 • 123
나무가 울창하면 개발이 어렵다 • 127
임야를 다른 목적으로 사용하려면 비용을 내야 한다 • 131
성공하는 임야 투자법 • 133

토지 투자, 반드시 도로를 염두에 두자

도로가 있어야 토지의 가치가 높다 • 138
좁은 도로에 따른 토지 투자 방법 • 141
교차도로 땅은 가각전제를 염두에 두자 • 145
전원지역 개발은 현황도로로 가능하다 • 147
현황은 도로가 있지만, 지적도에 도로 표시가 없다? • 149
880만 원 시골 땅에 입찰자 열 명이 몰린 이유 • 152
500만 원짜리 시골 땅이 3,000만 원에 낙찰된 이유 • 155
어느 토지에 투자하는 게 더 많이 오를까? • 158
어느 곳이 도로 확장될지 알아보는 법 • 161

뼈아픈 실수가 투자금을 날린다

빛 좋은 개살구가 되는 토지 • 168
개발지 옆이라 금세 땅값이 오른다고? • 171
무지와 욕심이 부른 기획 부동산 회사의 폐해 • 176
단지 싸다고 구입하면 되팔기가 어렵다 • 179

토지 개발, 반드시 개발부담금을 염두에 두자 • 183
경사도를 모르면 15% 가격에 낙찰받아도 꽝이다 • 186
면적이 넓다고 착각하지 말자 • 189
접도구역은 한 번 더 점검해보자 • 192
이런 경우 접도구역도 알 박기가 될 수 있다 • 196
도로인 줄 알지만, 실상은 신기루다 • 199

PART 8 토지, 오를 수밖에 없는 이유

공급이 한정적이다 • 204
여러 가지 종류로 활용할 수 있다 • 207
건물은 낡지만, 토지는 영원하다 • 209
아파트 vs 토지 상승률 비교 • 212

PART 9 투자 마인드만 갖춰도 이미 성공이다

남들이 팔려고 할 때 사고, 사려고 할 때 팔자 • 218
다수가 가는 길이 맘이 편하다고? • 221
뒷사람이 먹을 걸 남기고 빠져나와야 한다 • 223
핑계는 스스로의 위안일 뿐이다 • 225
투자를 두려워하지 말자 • 227

에필로그 • 231

PART
1

왕초보도
수익 내는
토지 투자법

편견을 버리면
토지 투자의
눈이 떠진다

　부동산 투자에서 토지 분야는 유독 편견이 많은 분야다. 토지 투자는 시간이 오래 걸리고, 어려워 초보자는 섣불리 덤비지도 못하고, 또한 많은 투자금이 필요하니 소액으로 투자하기 어렵다고 생각한다. 하지만 실제론 그렇지 않다. 오래 걸리지 않고, 부동산 투자 경험이 없는 왕초보도 가능하며 소액으로도 얼마든지 투자가 가능하다.

　뉴스를 보면 문재인 정부 출범 2년 사이 땅값이 2,000조 올랐다고 한다. 문재인 정부 들어 아파트값이 많이 올랐지만 이보다도 더 많이 오른 게 땅값이다. 또한, 땅값은 과거부터 꾸준히 큰 폭으로 상승세를 보여왔다. 개인별 땅 보유 현황을 보면, 개인 상위 1%가 38%, 상위 5%가 68%, 상위 10%가 83%를 차지한다는 보도가 있다. 면적 기준으로는 상위 1%가 전체 사유지 52%를 보유한다. 땅을 가진 사람은 전체

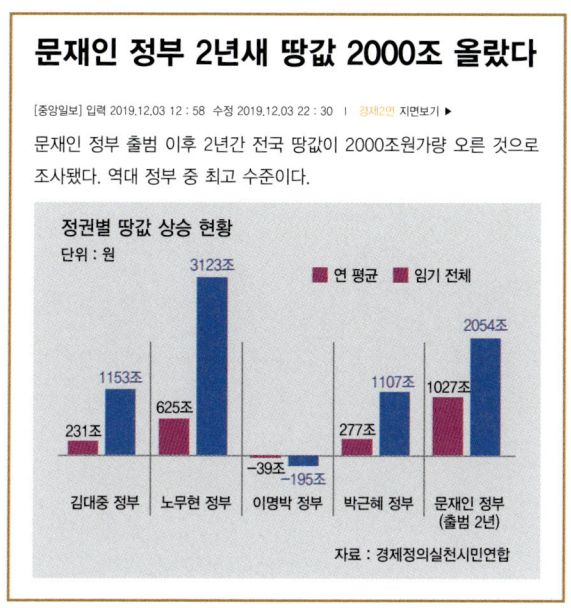

문재인 정부 2년 새 2,000조의 땅값 상승을 보도한 뉴스

(출처 : 중앙일보)

인구의 32%인 1,600만 명이지만, 국민 68%는 땅이 한 평도 없는 것으로 나타났다. 사회적으로 쟁점이 된 땅값 변동의 대표적인 사례를 보면 한국전력이 현대자동차그룹에 매각한 삼성동 부지를 볼 수 있다. 한국전력이 1970년 1억 2,000만 원에 매입한 삼성동 부지는 45년 뒤인 2015년에 10조 5,000억 원에 현대자동차그룹에 매각되었다.

이처럼 땅은 무한한 가능성을 지닌 투자처로, 제대로 고른 땅을 보유하면 물가 상승률보다 수백 배 이상의 수익률을 거둘 수도 있다. 그러므로 땅 투자를 너무 어려워하지 말고, 내일의 재테크를 위해 열심히 공부해서 제대로 된 땅 한 평이라도 갖는 자세를 지니도록 하자.

토지를 알면
어느 곳의 집값이
오를지 알 수 있다

　사람들은 아파트, 상가 투자에 많은 관심을 갖는다. 또한 이런 투자가 쉽다고 생각한다. 하지만 아파트, 상가도 근본적으론 토지 위에 지어져 있다. 따라서 아파트를 샀는데 가격이 올랐거나, 상가 가격이 올랐다는 뜻은 근본적으로 지가가 올라서다. 건물은 감가상각이 되므로 갈수록 낡아질 뿐이다. 다만, 지가가 올라주니 아파트 가격이 오르고, 상가 가격이 오르는 것이다. 그런데도 이를 보지 못하고 누군가 아파트, 빌라, 상가, 공장 투자로 돈 벌었다고 시샘하며 본인도 투자하겠다고 나선다. 물론 그 투자를 말리는 건 아니지만, 근본적으로 토지의 가치를 알아야 제대로 된 부동산 투자를 할 수 있다.

　한 예를 들어보자.

빌라 1

빌라 2

그림에서 보이는 두 빌라(다세대주택)는 서울시에 위치하며 도로를 사이에 두고 마주 보고 있다. 둘 중 한 곳을 선택해 투자한다면 어디에 투자하겠는가? 아마 투자 기준을 정할 때 얼마나 건물이 낡았는지를 따질 것이며, 현재의 매매 시세, 임대(전·월세) 시세 등을 파악한 후 위치상 좋아 보이는 곳을 골라 투자할 것이다. 하지만 이래서는 현재 시점의 투자밖에 되지 않는다. 우리는 미래 가치가 있는 곳에 투자해야 한다. 현재 가치는 언제든지 변할 수 있기 때문이다. 미래에 가격이 오르는 곳에 투자해야지, 그대로이거나 오히려 떨어지는 곳에 투자하면 안 된다.

그렇다면 미래 가격은 어떻게 알 수 있을까? 바로 토지의 가치다. 토지가 가치가 있는지, 없는지에 따라 해당 부동산의 미래 가격이 좌지우지된다. 그렇다면 앞서 본 두 빌라의 토지 가치를 살펴보기 위해 토지이용계획서를 발급해보자. 참고로 토지이용계획서란 토지의 이용 및 이용에 관한 사항이 적혀 있는 확인서로서, 이 토지 위에서 어떤 행위를 할 수 있고, 어떤 행위는 할 수 없는지에 대해 상세히 알 수 있다. 토지이용계획서는 '토지이용규제정보서비스' 홈페이지(luris.molit.go.kr)에서 해당 토지의 지번을 입력하면 알 수 있다.

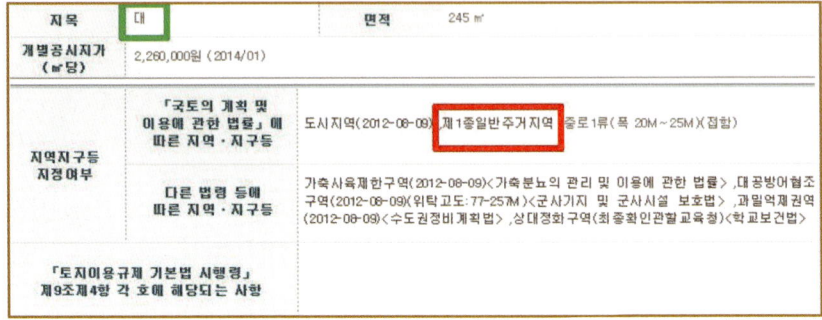

빌라 1의 토지이용계획서

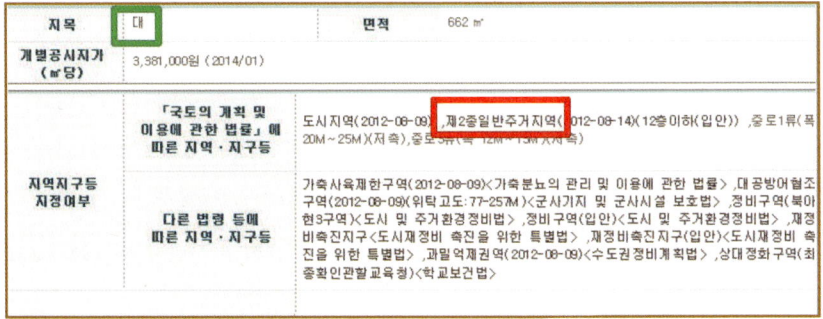

빌라 2의 토지이용계획서

빌라 1, 2의 토지이용계획서를 살펴보면 빌라 1은 제1종일반주거지역이지만, 빌라 2는 제2종일반주거지역이다. 이곳은 도로 하나를 사이에 두고 있지만, 제2종일반주거지역인 빌라 2는 재개발지역으로 편입되어 아파트가 들어설 곳이다. 제2종일반주거지역에서는 아파트 건축이 가능하기 때문이다. 하지만 제1종일반주거지역의 빌라 1은 저층 중심의 단독 및 다세대주택만 가능하므로 이곳은 재개발지역에 편입되지 않는다. 따라서 시간이 갈수록 건물이 낡아지기만 한다.

빌라 2는 재개발구역에 포함되었으므로 관리처분인가 전 소유권을 취득한 사람은 입주권이 나올 것이다(재건축은 사업시행인가 전 소유권 취득할 것). 다만 상세 요건은 꼼꼼히 따져볼 필요가 있다. 동일 사업구역 내 여러 개의 부동산을 소유하더라도 입주권은 하나만 나오므로 자칫 잘못 구입하면 물딱지를 구입하는 게 되어 청산 대상이 될 수 있다(사전에 실력 있는 전문가에게 조언을 구하는 게 실패를 막는 길이다). 어쨌든, 입주권이 나오는 경우 투자 가치가 높아진다.

빌라 1은 재개발구역에 포함되지 않았으므로 현 건물 상태가 유지될 것이다. 하지만 토지의 부증성(더 이상 늘어나지 않음)과 인근 주변의 개발 여파에 따라 지가 상승은 일어날 것이다. 이에 따라 빌라 가격도 소폭 상승할 수 있다. 다만 제1종일반주거지역은 일반적으로 건폐율 60%, 용적률 150%(지자체마다 조례에 따라 상이할 수 있음)이므로 토지의 한계 때문에 미니 재건축 등이 일어나기 어려울 것이다.

결론적으로 여러분이 주택에 투자하더라도 이렇듯 토지의 가치를 먼저 알아보고 투자해야 실패하지 않는다. 부동산 투자는 미래 가치에 기대를 거는 행동이다. 내가 원하는 만큼 미래에 가격이 올라줄지, 그렇지 않을지는 이미 토지에 답이 적혀 있다고 봐도 과언이 아니다.

토지를 알면
어느 곳의 상가가
오를지 알 수 있다

이번에는 상가 투자의 예를 보자. 사진과 같이 상가건물이 매물로 나왔을 때, 어떤 상가를 구입하겠는가?

상가건물 1. 4층 규모의 상가건물

상가건물 2. 3층 규모의 상가건물

상가는 임대료를 기반으로 수익률을 환산해서 매매가를 산정하는 수익환원법으로 가치를 측정하는 경우가 많다. 상가건물 1이 4층 규모이며 입점된 업종도 많으므로 월세 수입이 더 높을 것이다. 따라서 상가

건물 2보다 매매가도 더 높을 것이다. 그렇다면 매수자는 투입된 자본 대비 월세 수익을 계산해 수익률을 계산한 뒤 투자 가치를 따질 것이다. 그 결과 상가건물 1이 매매가는 더 높지만, 월세가 더 많이 들어와 상가건물 2보다 수익률이 더 높다고 했을 때, 사람들은 상가건물 1을 선택하는 경우가 많다. 그러고 나서 옳은 선택이었다며 뿌듯해한다.

자, 과연 그럴지 살펴보자. 앞서 말했듯 부동산 투자는 현재 가치가 아닌 미래 가치에 투자한다고 했다. 현재의 월세는 상가건물 1이 더 높지만, 미래에도 과연 그럴지를 따져봐야 한다. 시간이 지날수록 건물은 낡아져 월세 수익이 떨어지는 일이 발생한다. 물론 이는 상가건물 2도 마찬가지다. 그래서 시간이 지나면 건물을 리모델링하거나 허물고 다시 짓는 일이 발생한다.

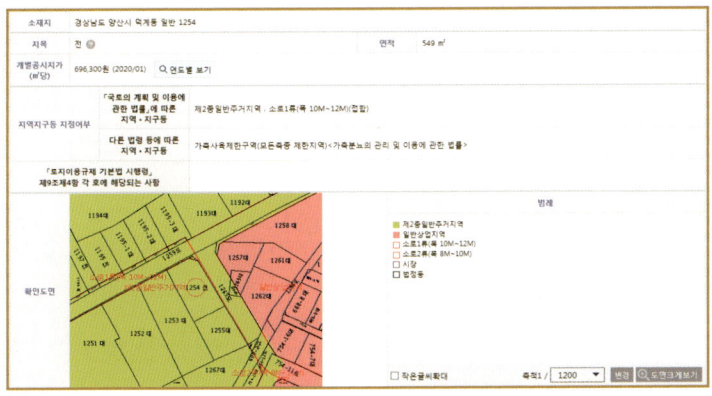

상가건물 1의 토지이용계획서

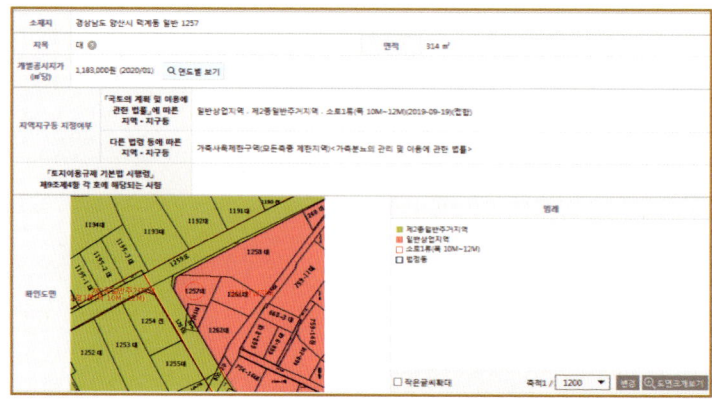

상가건물 2의 토지이용계획서

토지이용계획서를 보니 4층 규모의 상가건물 1은 제2종일반주거지역(건폐율 60%, 용적률 200%)이고, 3층 규모의 상가건물 2는 일반상업지역(건폐율 70%, 용적률 1,200%)이다. 따라서 나중에 허물고 다시 짓는다면 상가건물 1은 4층까지만 지을 수 있으나 상가건물 2는 15층 이상의 건물이 들어설 수 있다. 그러니 지금 당장 보기엔 4층 규모의 상가건물 1이 좋아 보여도 미래 가치는 3층 규모의 상가건물 2가 높아 시세 차익이 더 크다.

그동안 여러분이 부동산 투자에서 번번이 실패했다면, 이는 토지의 가치를 등한시하고 단순히 눈에 보이는 건물에 초점을 맞춰 투자했기 때문이다. 누누이 말하지만, 세월이 흐를수록 건물은 낡을 수밖에 없다. 그런 건물에 초점을 맞춰 투자한다는 건 바람 앞의 등불처럼 위태로운 투자다. 그러므로 우리는 투자를 할 때 반드시 토지의 가치를 살펴야 한다. 모든 부동산은 토지 위에 짓기 때문에 토지의 가치에 따라 전체 부동산의 가치가 달라진다.

건물보다 토지가
더 높이 상승하는 이유

　부동산 개발전문가가 땅을 사는 이유는 그 위에 건물을 지어 분양하려는 목적이 크다. 단독주택이 있든, 소형 상가가 있든 현재의 상태를 보는 게 아닌 미래의 가치를 따져 토지를 매입한다. 개발전문가가 빌라 및 소형 아파트를 지어 분양하려고 할 때, 토지를 얼마에 매입해야 수익성이 좋을까? 이를 알기 위해서는 예상 분양가와 소요되는 건축비를 계산하면 된다.

- **분양가** = (토지 매입비 + 건축비) + 수익률 20%
  = (토지 매입비 + 건축비) × 120%
- **토지 매입비** = (분양가÷1.2) - 건축비
→ 수익률이 20%라고 말하면 적다고 생각하는데, 실제론 대출을 받아 진행하므로 꽤 높은 수익률이 나온다. 예를 들어 100억 원의 분양을 진행하는 데 70%를 대출받아 실투자금 30억 원을 투입해 20억 원의 수익을 올리는 방식이다.

대지 100평, 일반상업지역이라면 용적률이 1,000%이니 연면적(총면적)이 1,000평 나온다. 1,000평이면 25평을 40세대 지을 수 있다. 인근 지역의 빌라 및 소형 아파트 시세를 분석해보니 평당 800만 원 수준이라면 분양 또한 이와 비슷하게 할 수 있을 것이다. 건축비는 평당 400만 원 내외 소요된다. 물론 어떤 자재를 사용하는가에 따라 건축비의 차이는 있지만, 일반적으로 빌라 및 소형 아파트 짓는 건축비는 평당 400만 원 정도 소요되는 경우가 많다.

- **총 분양가** : 1,000평(연면적) × 800만 원 = 80억 원
- **총 건축비** : 1,000평 × 400만 원 = 40억 원

'토지 매입비 = (분양가÷1.2)-건축비'이므로 '(80억 원÷1.2)-40억 원'이면 토지 매입비는 26.6억 원(평당 2,660만 원)이 나온다. 따라서 일반상업지역의 대지 100평을 평당 2,660만 원에 매입하면 수익성이 나온다. 이런 이유로 지상에 허름한 건물이 있더라도 용도지역(토지의 가치)이 좋으면 비싸게 팔릴 수 있다. 만약 분양가를 평당 800만 원이 아닌 1,000만 원에 한다면, 총분양가는 100억 원이므로 토지 매입비는 평당 4,330만 원[(100억 원÷1.2)-40억 원]까지 가능하다. 이는 주택 가격이 평당 800만 원 → 1,000만 원으로 25% 상승할 때 토지는 평당 2,660만 원 → 4,330만 원으로 62.7%가 상승했음을 알 수 있다. 이처럼 주택 가격 상승률보다 토지 가격 상승률이 더 높은 이유는 용적률 차이다. 결국, 토지는 어떤 건물을 얼마의 높이까지 지을 수 있느냐에 따라 가치가 달라지므로 토지 투자를 할 때는 반드시 용도지역을 검토해야 한다.

사 줄 사람 입장에서
토지를 봐야 한다

연접한 두 필지

그림에서 보듯 연접한 두 필지가 있다. A필지는 평당 100만 원이고, 그 옆 B필지는 평당 200만 원이다. 이런 경우, A필지는 B필지에 비해 50% 가격밖에(?) 하지 않는다며 싸니 어서 사라고 권한다. 그에 반해 B필지는 A필지에 비해 두 배 더 비싸니 사길 두려워한다. 설령 사놓고 A필지 가격을 알았다면 두 배나 비싸게 샀다며 억울해한다. 하지만 과연 그럴지 한번 생각해보자.

토지이용계획서를 보니 A필지는 자연녹지이며, B필지는 제2종일반주거지역이다. 자, 그럼 이 토지를 사 줄 사람(필지를 매입해 건물을 짓고 싶은 개발업자)의 입장에서 생각해보자. 개발업자가 세운 토지 매입비 예산이 2억 원이라면, A필지(자연녹지)는 200평, B필지(2종일반주거지역)는 100평을 살 수 있다.

참고로 자연녹지지역은 건폐율 20%, 용적률 80%, 제2종일반주거지역은 건폐율 60%, 용적률 250%다(이 수치는 참고만 하고 실제 상황에서는 각 조례까지 확인해야 함). 따라서 A필지는 1층 면적을 40평(200평×20%)으로 총 4층(연면적 160평)까지 지을 수 있다. B필지는 1층 면적을 60평(100평×60%)으로 총 4층(연면적 250평)이 되어 A필지보다 90평을 더 지을 수 있다. 토지는 A필지가 두 배 더 넓었지만, 실제 건축면적은 B필지가 더 넓은 것이다. 또한, 건물은 1층의 상가가 가장 비싸고 효율성이 높으므로 개발업자 입장에서는 B필지의 구미가 더 당긴다.

평당 분양가를 900만 원으로 책정했을 때 건축비를 400만 원을 제외하면 평당 순이익은 500만 원을 볼 수 있다. 따라서 건축면적 90평의 차이는 분양수익 4억 5,000만 원의 차이를 가져온다. 설령 해당 지역의 지역녹지지역 용적률이 100%라고 해도 연면적은 200평이 되므로 건축면적의 차이가 50평이 발생해 2억 5,000만 원의 수익 차이가 발생한다. 그러니 어느 개발업자를 막론하고 B필지를 선택하지, A필지를 선택하진 않을 것이다.

　이런 이유로 여러분이 토지를 구입할 때는 싸다거나 면적이 넓다고 구입해서는 안 된다. 아무리 싸게 샀어도 본인이 구입한 가격보다 더 비싼 가격에 사 줄 사람이 등장하지 않으면 헛된 일이다. 내 토지를 사 줄 사람은 누구인지, 어떤 목적을 가진 사람에게 적합한지, 다방면으로 활용이 가능한 토지인지, 팔 가격에 건축비를 더해 분양가를 산정했을 때 충분히 이익이 나는 토지인지 등을 살펴야 한다. 그래야 토지 투자에 실패하지 않는다.

PART 2

용도지역을 알면 이미 반은 성공이다

토지의 가치는
이미 정해져 있다

사람의 첫인상이 좋아 만나더라도 같이 지내다 보면 그 사람의 인성이 좋지 않아 헤어지는 경험을 하게 된다. 첫인상이 좋으면 눈길을 끌지만, 결국 사람의 가치를 돋보이게 하는 것은 인성이다. 토지도 마찬가지다. 토지에 있어 지목은 사람의 첫인상과 같으며, 용도지역은 인성과 같다. 따라서 지목에 혹해 토지를 구입하면 용도지역에 막혀 아무것도 할 수 없는 일이 벌어진다. 말 그대로 쓸데없는 토지를 구입한 것이다.

부동산은 공법의 적용을 받는다

우리나라 법은 크게 공법(公法)과 사법(私法)으로 구분할 수 있다. 공법은 개인과 국가 간 또는 국가 기관 간의 공적인 생활 관계를 규율하는 법이다. 구체적으론 세금, 병역, 관공서의 행정 업무처럼 국가나 공공 단체 등이 공권력을 행사하는 것과 관련된 내용을 규정한다. 이에 반해 사법은 개인 상호 간의 권리·의무관계를 규율하는 법이다. 부동산에도 공공의 이익을 도모하기 위해 공법이 있는데, 국토의계획및이용에관한법률, 건축법, 농지법, 산지관리법 등 종류가 다양하다.

왜 공법이 존재해야 하는지 알아보기 위해 한 예를 들어보자. 다음과 같이 여섯 개의 필지가 있다. 이곳은 한적한 외곽지역으로 물과 공기가 맑고 자연경관이 수려하다.

1	2	3
4	5	6

먼저 1번 토지는 경치 좋은 곳에 전원주택을 짓고 사는 게 꿈인 A가 샀다. 2번 토지는 좋은 자연환경에서 소를 키우고 싶은 B가 샀다. 3번 토지는 공장을 운영하는 사업자인 C에게 팔렸는데, 도심에서는 민원이 잦아 인적이 드문 곳으로 공장을 이전하기 위한 목적이었다. 4번 토지는 도축가공업을 하는 D에게 팔렸으며, 5번 토지는 폐기물처리업체 운영자인 E에게 팔렸다. 6번 토지는 도심 생활을 정리하고 내려와 농사를 지으며 전원생활을 할 목적인 F에게 팔렸다.

A (전원주택)	B (가축사육)	C (공장)
D (도축가공)	E (폐기물처리)	F (농사)

결과적으로 어떻게 되었을까? 다들 원하는 목적을 갖고 토지를 샀는데 만족스러운 결과를 맞았을까? 그렇지 않다. 전원주택을 지은 A에게 이곳은 악몽이 되었다. 맑은 공기를 꿈꾸며 집을 지었건만 가축 분뇨 냄새, 공장 매연 연기 때문에 창문도 열지 못하는 사태가 왔다. 또한, 가축이 죽어나가는 도축공장, 각종 쓰레기가 가득 쌓이는 폐기물 공장 탓에 정신이 피폐해질 지경이었다. B 또한 마찬가지다. 공장에서 내뿜는 연기 때문에 가축의 건강이 나빠졌다. 게다가 인근에 생긴 도축시설로 인해 가축들이 겁을 먹어 생육에 나쁜 영향을 끼쳐 사업에 큰 타격을 받고 있다. C도 피해를 입기는 마찬가지였다. 외곽으로 공장을 이전했건만 주위의 민원에 공장 가동을 제대로 못 하고 있으니 피해가 막심하다. 민원 때문에 애를 먹는 건 D, E도 마찬가지였다. F는 수질 및 공기 오염으로 생산성이 낮아져 농사를 망쳐 이곳으로 온 걸 후회하고 있다.

결과적으로 자유민주주의 국가에서 자신이 원하는 행위를 했는데, 여섯 명 모두에게 피해만 끼치는 결과가 되었다. 이런 이유로 국가는 공공의 이익을 위해 개입할 필요성을 느껴 모든 토지에 용도지역을 구분해서 정해놨다. 즉, 주택을 짓고 싶은 사람은 주거지역, 공장을 짓고 싶은 사람은 공업지역, 가축을 사육하고 싶은 사람 및 농사를 짓고 싶은 사람은 농림지역의 토지를 사라는 뜻이다. 그렇게 되면 같은 목적을 갖은 사람끼리 모여 살게 되니 서로에게 피해를 주지 않게 되어 다수의 이익을 도모할 수 있다.

쓰임새가 다양해 환금성이 높은 땅을 공략하자

해당 토지의 용도지역은 토지이용규제정보서비스(luris.molit.go.kr)에 지번을 입력해 토지이용계획서를 발급해보면 알 수 있다.

토지이용규제정보서비스 홈페이지

토지이용계획서를 보면 해당 필지의 용도지역이 표기되어 있으니 투자하기 전에 반드시 확인해야 한다. 해당 용도지역에서 어떤 행위를 할 수 있는지는 국토의계획및이용에관한법률 시행령 별표를 보면 알 수 있다. 쓰임새가 다양한 용도지역이 가치가 높으니 반드시 해당 용도지역에서 가능한 행위들을 살펴 토지를 구입한 취지와 맞는지 확인해야 한다. 또한, 투자 목적으로 샀더라도 다양한 행위들을 할 수 있는 토지가 구매자 폭이 넓어 수월하게 매각된다.

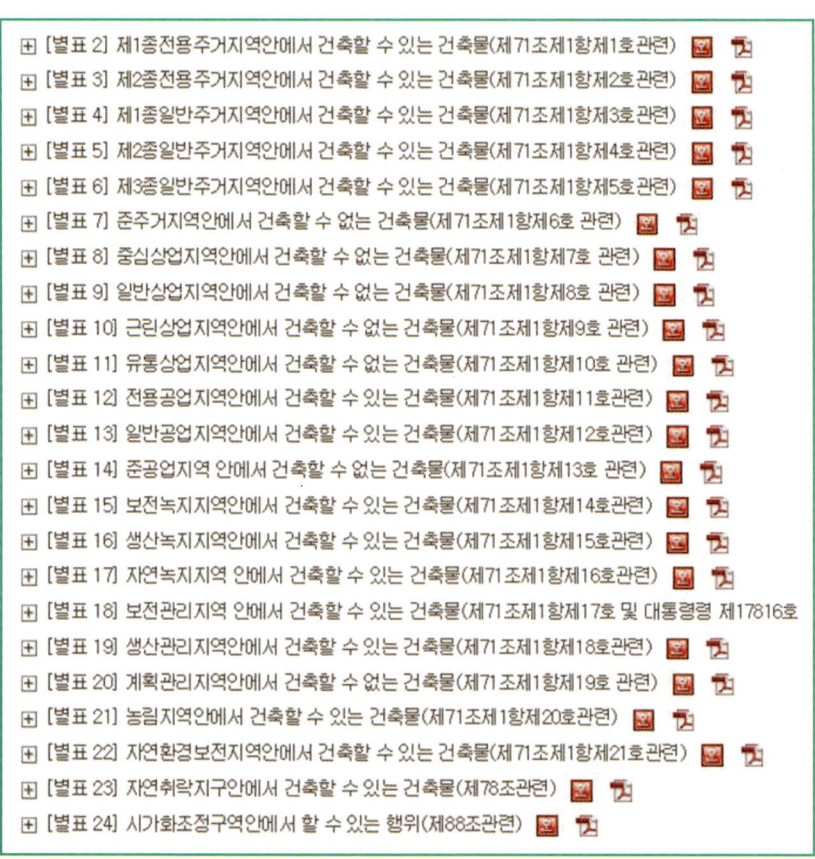

각 용도지역에 따라 건축 가능한 건축물을 확인할 수 있다

용도지역에 따라 건축물의 종류뿐만 아니라 건축물의 바닥면적을 얼마까지 지을 수 있는지(건폐율), 높이를 얼마까지 올릴 수 있는지(용적

률)가 정해져 있다. 토지의 입장에서는 다양한 건축행위를 할 수 있고, 크고 높게 지을 수 있는 토지가 가치가 높다. 예를 들어, 농사짓는 땅보다 2층 단독주택을 지을 수 있는 땅이 가치가 더 높다. 또한, 2층 단독주택을 지을 수 있는 땅보다 50층 빌딩을 지을 수 있는 땅이 가치가 높아 지가가 훨씬 더 높다. 이렇듯 용도지역에 따라 그 토지의 가치가 나뉘므로 토지 투자에 앞서 용도지역 확인은 필수다. 더불어 해당 토지에 용도지역뿐만 아니라 세부적으로 더 지정해야 할 필요가 있는 경우 용도지구, 용도구역을 지정한다.

소재지	부산광역시 남구 대연동		
지목	대	면적	165.3 m²
개별공시지가 (m²당)	2,019,000원 (2020/01) ○연도별 보기		
지역지구등 지정여부	「국토의 계획 및 이용에 관한 법률」에 따른 지역·지구등	제2종일반주거지역(2014-02-26)	
	다른 법령 등에 따른 지역·지구등	가축사육제한구역(2011.03.29.)<가축분뇨의 관리 및 이용에 관한 법률>	
「토지이용규제 기본법 시행령」 제9조제4항 각 호에 해당되는 사항			

용도지역만 표기된 경우(예시)

소재지	부산광역시 동구 초량동		
지목	대	면적	311.4 m²
개별공시지가 (m²당)	7,720,000원 (2020/01) ○연도별 보기		
지역지구등 지정여부	「국토의 계획 및 이용에 관한 법률」에 따른 지역·지구등	일반상업지역·방화지구·시가지경관지구(일반)(미관지구와 경관지구 통폐합에 따른 수정(부산시 조례 제5857호))·시가지경관지구(중심)(미관지구와 경관지구 통폐합에 따른 수정(부산시 조례 제5857호))·소로3류(폭 8m 미만)(저축)	
	다른 법령 등에 따른 지역·지구등	가축사육제한구역<가축분뇨의 관리 및 이용에 관한 법률>·가로구역별 최고높이 제한지역(60m이하)<건축법>	
「토지이용규제 기본법 시행령」 제9조제4항 각 호에 해당되는 사항			

용도지역뿐만 아니라 용도지구까지 표기된 경우(예시)

소재지	대전광역시 유성구			
지목	공장용지		면적	124,118 m²
개별공시지가 (m²당)	641,700원 (2020/01) 🔍 연도별 보기			
지역지구등 지정여부	「국토의 계획 및 이용에 관한 법률」에 따른 지역·지구등	도시지역, 자연녹지지역, 준공업지역, 시가화조정구역(서남부3단계지구)		
	다른 법령 등에 따른 지역·지구등	가축사육제한구역(일부제한구역(200m))<가축분뇨의 관리 및 이용에 관한 법률>, 가축사육제한구역(전부제한구역)<가축분뇨의 관리 및 이용에 관한 법률>		
	「토지이용규제 기본법 시행령」 제9조제4항 각 호에 해당되는 사항	토지거래계약에관한허가구역		

용도지역뿐만 아니라 용도구역까지 표기된 경우(예시)

용도지역에 따른
투자 선호도

 어떤 토지에 투자해야 할지 감이 안 잡힐 때도 용도지역을 보면 대충 감이 온다. 주거·상업·공업지역은 개발 압력이 높은 곳으로 가급적 개발하려는 취지가 강하고, 그 외 지역은 개발 압력이 낮은 곳이다. 따라서 저평가된 주거·상업·공업지역의 토지(셋 중에서도 상업 > 주거 > 공업지역순)를 고르면 비교적 단기간에 수익을 실현할 수 있다. 다만 아무리 주거, 상업, 공업지역이더라도 개발이 완료되어 지가가 고평가되어 있다면 투자의 실익이 적으니 신중히 하는 게 좋다.

 그 외에는 투자 가치가 높은 용도지역은 자연녹지, 계획관리지역이다. 자연녹지지역은 보전은 하되 제한적인 개발이 가능한 곳이며, 추후 토지가 부족해 개발 여파가 확산할 때 주거·상업·공업지역으로 용도지역이 상향될 가능성이 큰 곳이다. 즉, 현재도 어느 정도 개발이 가능하지만, 미래에 종 상향 가능성까지 커 2순위 투자처가 되는 것이다. 계획관리지역도 마찬가지다. 비도시지역(용도지역 중 도시지역이 아닌 곳)에 가장 좋은 곳이 계획관리지역이다. 계획관리지역은 다가구 및 다세대주택, 숙박시설, 근린생활시설 등 다양한 건축이 가능한 곳이다. 또한, 향후 비도시지역 중 도시지역에 편입이 예상되는 1순위가 계획관리지역이다. 따라서 중장기 기간에 높은 수익률을 추구하는 분들은 자연녹지 및 계획관리지역에 투자하는 게 좋다.

3순위 투자 가치가 있는 토지로는 생산녹지, 생산관리지역이다. 이곳은 어느 정도 고수가 되었을 때 진입하는 게 좋은데, 그중에서도 옥석을 가려야 한다. 끝으로 보전녹지, 보전관리, 농림, 자연환경보전지역은 자연을 유지하려는 성향이 강한 곳이므로 초보자는 될 수 있는 한 신중하게 투자하는 게 좋다. 다만 이런 곳이 모두 돈이 안 된다는 뜻은 아니다. 개발 압력이 높은 곳보다 위험도가 높으니 토지에 관한 지식을 많이 쌓은 후에 투자에 들어가도 늦지 않다는 뜻이다.

※ **용도지역 종류**(투자 선호도에 따라 ① ② ③ ×를 적용)

용도지역(법)	세분(시행령)	주 건축물	건폐율 (넓이)	용적률 (높이)
도시지역	주거지역 ① (저평가)	제1종전용주거지역	단독주택	50%	100%
		제2종전용주거지역	다세대, 빌라	50%	150%
		제1종일반주거지역	4층 이하 공동주택	60%	200%
		제2종일반주거지역	중층 공동주택	60%	250%
		제3종일반주거지역	중고층 주택	50%	300%
		준주거지역	주거에 상업, 업무 기능	70%	500%
	상업지역 ① (저평가)	중심상업지역	도심, 부도심의 상업	90%	1500%
		일반상업지역	일반상업, 업무 기능	80%	1300%
		근린상업지역	일용품, 서비스 제공	70%	900%
		유통상업지역	도시 내 및 지역 간 유통	80%	1100%
	공업지역 ① (저평가)	전용공업지역	중화학, 공해성 공업	70%	300%
		일반공업지역	무공해성 공업	70%	350%
		준공업지역	경공업 및 주거 기능	70%	400%
	녹지지역	보전녹지지역 ×	자연환경, 산림 녹지공간	20%	80%
		생산녹지지역 ③	생산을 위한 개발 유보	20%	100%
		자연녹지지역 ②	보전은 하되 제한적인 개발	20%	100%
관리지역		보전관리지역 ×	자연환경 보전이 곤란한 곳	20%	80%
		생산관리지역 ③	농림지역 지정이 곤란한 곳	20%	80%
		계획관리지역 ②	도시지역 편입이 예상된 곳	40%	100%
농림지역 ×			농림업 진흥, 산림보전지역	20%	80%
자연환경보전지역 ×			자연환경, 수자원 보호 육성	20%	80%

이런 땅에
장기 투자 해놓자 ①

　사람들은 단기 투자를 선호한다. 하지만 단기 투자를 했다가 의도한 대로 가격이 오르지 않거나 팔리지 않으면 원치 않은 장기 투자가 되기도 한다. 한편으론 장기 투자(묻어둔다고 표현)해놓고 시간이 지나면 알아서 올라주길 기대한다. 화폐 가치가 떨어지는 시대니 실질 자산인 토지를 보유하고 있다는 자체는 나름 든든한 보험 같은 기분을 안겨주기도 한다. 하지만 그 보험이 과연 효력이 있을지는 의문이다.

　한 예를 보자. 부산에 위치한 A, B필지는 한 지역에 위치한 필지로 거리가 450m(도보 7분) 거리에 있을 정도로 가깝다. 두 필지는 굉장히 비슷해 보였지만, 속내는 전혀 달랐다.

필지의 위치 모습

A필지의 토지이용계획서 : 보전녹지지역

B필지의 토지이용계획서 : 자연녹지지역

토지이용계획서를 보면 A필지는 보전녹지지역, B필지는 자연녹지지역이다. 2020년 기준 ㎡당 개별공시지가는 A필지가 33,200원, B필지가 240,700원이다. 그럼 과거에도 A가 더 저렴하고 B가 더 비쌌을지 가격 추이를 지켜보자(지면 관계상 일부 연도의 개별공시지가만 기재).

A필지 개별공시지가	
2004/01	15,100원
2003/01	14,100원
2002/01	14,500원
2001/01	15,300원
2000/01	15,300원
1999/01	15,300원
1998/01	18,100원
1997/01	19,300원
1996/01	18,900원
1995/01	37,000원
1994/01	52,400원

B필지 개별공시지가	
2004/01	59,200원
2003/01	42,600원
2002/01	39,500원
2001/01	39,500원
2000/01	38,400원
1999/01	38,400원
1998/01	41,600원
1997/01	41,600원
1996/01	40,500원
1995/01	37,000원
1994/01	43,800원

표에서 알 수 있듯, 1994년 A필지(보전녹지)의 ㎡당 개별공시지가는 52,400원으로 B필지(자연녹지)보다 더 높았다. 하지만 26년이 흐른 현재, A필지는 33,200원으로 오히려 과거보다 더 낮으며, B필지는 240,700원으로 과거보다 많은 상승 폭을 보여주고 있다. 앞서 초보자들의 투자 기준에서 장기적인 관점에서 투자할 때는 자연녹지가 보전녹지보다 좋다는 말은 이런 이유에서다. 위치가 비슷하고, 지목이 같음에도 불구하고 용도지역 차이로 이렇게 시세 상승의 차이가 벌어진다.

이런 땅에
장기 투자 해놓자 ②

앞서 자연녹지 vs 보전녹지의 지가 차이를 알아봤다. 이번에는 또 다른 사례로 계획관리지역과 농림지역의 용도지역에 따라 어떤 지가 차이가 발생하는지 알아보자.

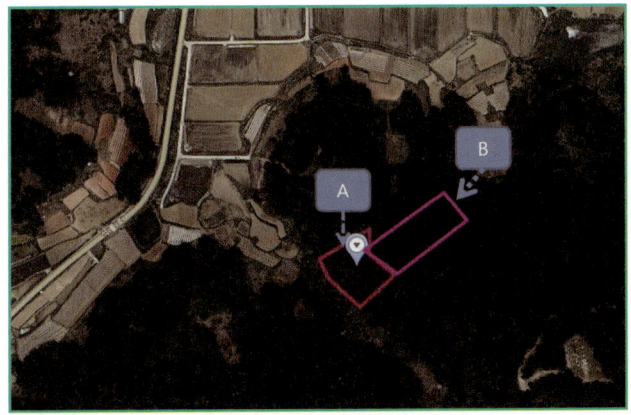

서로 맞닿아 있는 두 필지

A와 B필지는 한 면이 서로 맞닿아 있을 정도로 연접된 토지다. 토지이용계획서를 보면 A는 계획관리지역, B는 농림지역이다.

A필지 토지이용계획서 : 계획관리지역

B필지 토지이용계획서 : 농림지역

2020년 기준, A필지의 ㎡당 공시지가는 6,400원이며 B필지는 2,160원이다. 이 두 필지의 과거 개별공시지가는 어땠는지 알아보자(지면 관계상 일부 연도의 개별공시지가만 기재).

A필지 개별공시지가	
1998/01	1,050원
1997/01	1,310원
1996/01	1,310원
1995/01	1,310원
1994/01	1,260원
1993/01	1,030원
1992/01	900원
1991/01	900원

B필지 개별공시지가	
1998/01	515원
1997/01	499원
1996/01	499원
1995/01	499원
1994/01	1,260원
1993/01	1,030원
1992/01	900원
1991/01	900원

보는 바와 같이 과거 1991년에는 두 필지의 개별공시지가가 900원으로 동일했다. 하지만 30여 년 가까운 시간이 흐르는 동안 두 필지의 운명을 가른 것은 용도지역이다. 서로 맞닿아 있는 필지며 지목이 '임야'로 동일하지만, 계획관리지역은 6,400원이 되었고, 농림지역은 2,160원으로 약 세 배 가까이 차이가 난다. 그러니 장기 투자 목적인 경우, 계획관리지역의 투자성이 좋다는 이유가 여기에 있다.

이처럼 토지 투자 여부를 결정할 때 가장 큰 영향을 미치는 포인트가 바로 용도지역이다. 그래서 토지 투자 고수는 용도지역을 매우 중요시하지만, 하수일수록 지목 및 땅 모양에 연연하는 경향이 있다. 또는 아무것도 모른 채 누가 '이 땅 좋다'는 말에 덥석 투자하기도 한다. 우리는 동일한 조건이라도 용도지역에 따라 지가 차이가 변하는 것을 확인했다. 여기에 투자 고수들은 개발 및 가공을 통해 토지의 가치를 더욱 상승시키지만, 아무것도 할 줄 모르는 초보 투자자라도 애초에 용도지역이 좋은 토지를 저가일 때 사놓는다면 자연스레 지가 상승의 덕을 누릴 수 있다. 그러니 반드시 투자 전에 해당 필지의 용도지역을 확인하는 습관을 들여야 한다.

얼마나 크고 높게
지을 수 있을지
정해져 있다

　앞서 용도지역에 따라 허용하는 건축물의 종류가 다르다고 했다. 대표적으로 제1종일반주거지역엔 아파트 건축이 안 되지만, 제2종일반주거지역은 아파트 건축이 가능하다. 이런 방식으로 토지를 구입하기 전, 용도지역을 확인한 후 허용되는 건축물의 범위를 숙지해야 한다.

　그렇다면 해당 용도지역에 맞는 건축물을 건축주가 짓고 싶은 대로 지을 수 있을까? 그럴 수 없다. 용도지역 및 지자체 조례에 따라 허용하는 건폐율과 용적률이 달라 그 범위를 초과할 수 없기 때문이다(다만, 아무리 조례에서 허용하는 용적률이라 해도 고도제한 등으로 별도 규제가 있는 필지에서는 고도 제한 이상으로 짓지 못하니 유의해야 한다).

건폐율, 얼마나 넓게 지을 수 있는지의 기준

건폐율이란, 전체 대지 면적 대비 건물 1층의 바닥면적 비율을 뜻한다. 예를 들어, 대지 면적이 100평인 토지의 건폐율이 50%라면 건물의 1층 바닥면적은 50평을 넘을 수 없다는 의미다.

$$건폐율 = \frac{1층 바닥면적}{대지면적} \times 100$$

건폐율을 제한하는 이유는 대지 안에 최소한의 공지를 확보함으로써 건축물의 과밀을 방지해서 일조나 채광, 통풍 등 위생적인 환경을 조성하고자 하는 것이다. 또한, 화재 및 기타 재해 발생 시 연소의 차단이나 소화, 피난 등에 필요한 공간을 확보하는 목적도 있다. 지가가 높은 도시지역은 건폐율이 높고 그 외 지역은 건폐율이 낮다. 도시에서는 빌딩이 숲을 이루고, 교외로 나갈수록 드넓은 앞마당이 있는 전원주택이 존재하는 이유도 건폐율과 밀접한 관련이 있다.

건폐율에 따른 바닥면적의 변화

건폐율이 클수록 건물을 넓게 지을 수 있어 그만큼 대지를 효율적으로 이용할 수 있지만, 건폐율이 낮으면 대지에 건물을 넓게 지을 수 없다. 그래서 건폐율이 높은 토지가 건폐율이 낮은 토지에 비해 가격이 높다. 건폐율이 90%에 달해 토지를 최대한 활용할 수 있는 도심의 상업지 땅값이 가장 비싼 이유도 이 때문이다.

용적률, 얼마나 높게 지을 수 있는지의 기준

용적률은 대지 면적 대비 건물의 지상층 연면적 비율을 말한다. 가령 대지 면적이 100평인 땅의 건폐율이 50%, 용적률이 200%라면 각 층의 바닥면적이 50평인 건물을 건축할 경우 최대 4층까지 지을 수 있다는 뜻이다. 따라서 용적률이 높을수록 건물의 층수를 높이 올릴 수 있다.

$$용적률 = \frac{지상\ 건축물의\ 연면적}{대지면적} \times 100$$

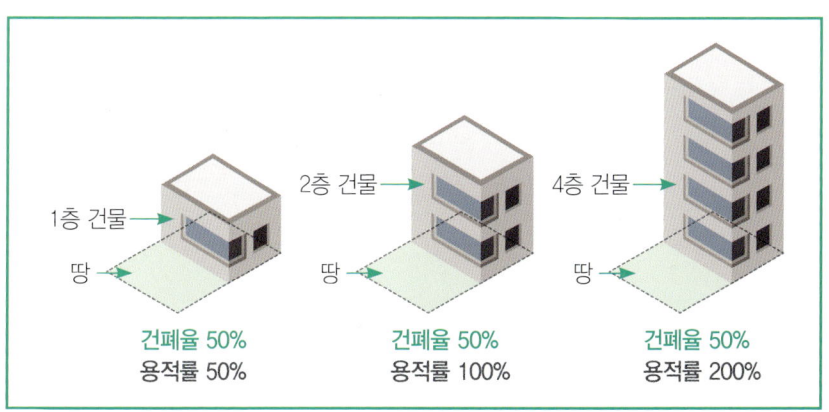

용적률에 따른 건물의 높이 변화

용적률이 높으면 건물을 더 높이 지을 수 있고, 용적률이 낮으면 건물을 높게 지을 수 없다. 건축주 입장에서는 용적률이 높을수록 더 많은 세대를 지어 팔 수 있으므로 수익성이 증가한다. 따라서 용적률이 높은 토지가 더 비싸게 팔린다. 중심상업지역에 50층이 넘는 빌딩이 들어설 수 있는 이유도 용적률이 1,500%에 달할 정도로 높은 토지이기에 가능한 결과다. 그러므로 토지를 매입하기 전 해당 필지의 용도지역 확인은 필수다. 어떤 건물을 지을 수 있는지, 건물의 면적 및 높이는 어느 정도까지 가능한지를 알고 매입해야 실수가 없기 때문이다.

경사진 땅을 잘 활용하면
가치가 높다

    지하층은 연면적에는 포함되지만, 용적률 산정 시 연면적에는 포함되지 않는다. 예를 들어 건폐율 50%, 용적률 200%인 대지 200평이 있다고 보자. 이 경우 한 층의 바닥면적을 100평(건폐율 50%)으로 했을 때 건물을 4층(용적률 200%)까지 올릴 수 있다. 다만 지상은 4층까지 가능하지만, 지하는 관계없다. 즉, 지하 1층부터 지상 4층까지 건물을 올렸을 때 건물의 연면적은 500평이 되지만, 용적률 산정 시 지하층의 면적은 연면적에 포함되지 않으므로 400평이 된다.

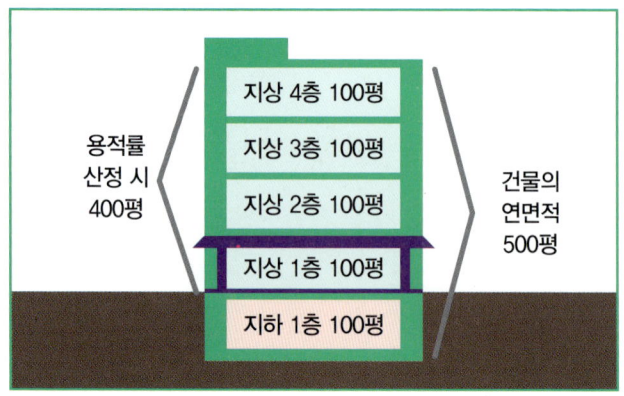

용적률과 연면적

물론 지하층은 지상층에 비해 토지를 굴착하고 토사가 무너지지 않게 흙막이를 잘해야 하는 등 건축 비용이 상승하므로 건축주 입장에서는 어느 방안이 더 수익성이 좋은지 따져볼 것이다. 하지만 매번 건축 비용이 많이 소요되는 것은 아니다. 큰 비용 추가 없이도 지하층을 만드는 방법이 있으니 바로 경사진 땅을 응용한 건축 방법이다.

지하층의 정의를 알면 수익이 보인다

지하층이란 땅 아래에 위치한 층을 말한다. 다만, 말처럼 지하층인지 여부를 결정짓기가 쉽지 않다. 토지의 생긴 모양이 각각 다르기 때문에 노출된 정도와 형태에 따라 지하층으로 인정되는 정도가 다를 수 있기 때문이다. 따라서 건축법에서 말하는 지하층의 규정을 알아야 한다. 건축법에서 지하층이란 건축물의 바닥이 지표면 아래에 있는 층으로서, 바닥에서 지표면까지 평균 높이가 해당 층 높이의 1/2 이상인 것으로 정의하고 있다(건축법 제2조 1항 5호). 쉽게 말해, 지하층은 그 층고의

1/2 이상이 지표 아래에 있어야 지하층으로 인정될 수 있다.

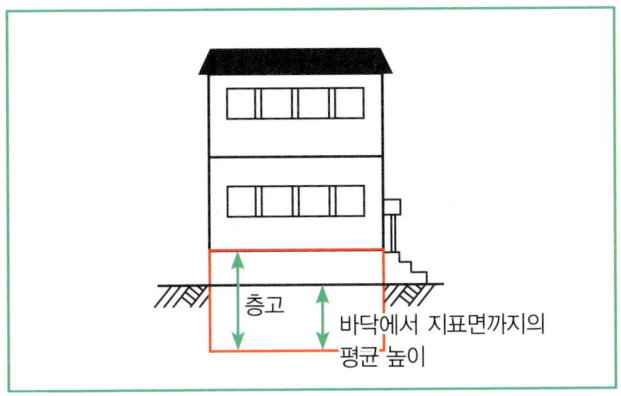

지하층 예시

다만, 지하층이라고 1/2 이상이 모두 땅속에 있어야 하는 것은 아니다. 예외적으로 경사도를 이용한 건축 방법이 있기 때문이다. 한 예를 보자.

이 건물은 총 4층으로 이뤄져 있으며, 1층을 근린생활시설(현 미술·피아노학원)로 이용 중이다. 어떻게 당시 용적률을 초과해 건물을 지을 수 있었나 살펴보니 바로 1층에 비밀이 있었다. 경사진 도로 덕분에 고저 차가 발생해 겉으론 1층으로 보이지만, 서류상에는 지하층이 된 것이다. 지하층은 용적률에서 제외되니 건물을 더 높이 지을 수 있게 된 것이다.

4층으로 이뤄진 해당 건물

오르막길 초입에 위치해 고저 차 발생으로 한 개 층이 덤으로 생김

그러므로 평평한 토지는 좋고, 경사진 토지는 좋지 않다는 선입견을 버리자. 경우에 따라 경사진 토지가 더 가치가 높아지므로 다양한 토지 투자 안목을 넓혀보길 바란다.

같은 용도지역인데
건축 모양이 달라진 이유

　용도지역에 따라 건폐율과 용적률이 정해져 있어 향후 건축될 건물의 바닥면적과 연면적을 추정해볼 수 있다. 하지만 토지의 위치에 따라 용적률을 다 활용하지 못할 수도 있는 사태가 올 수 있으니 유의하자.

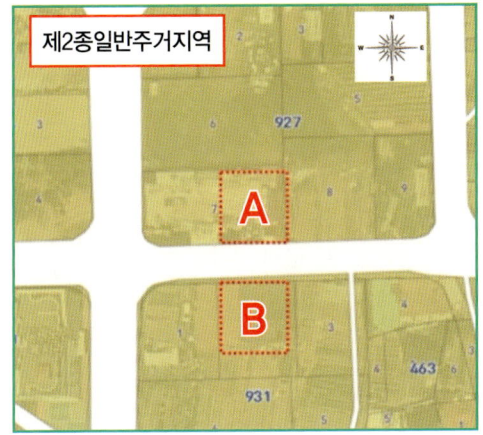

도로를 사이에 두고 두 필지가 있다

한 사례를 보자. 도로를 사이에 두고 있는 A, B 필지가 있는데, 둘 다 제2종일반주거지역으로 동일하다. A필지는 평당 100만 원, B필지는 평당 110만 원이라면 어떤 토지를 선택하겠는가? 이 경우, 초보자는 같은 조건이라는 생각에 이왕이면 가격이 저렴한 A필지를 선택한다. 하지만 고수는 B를 선택한다. 향후 지가가 상승했을 경우, A필지보다 B필지가 더 오르고, 수요가 많아 더 잘 팔리기 때문이다. 하지만 초보자는 이해하기 어렵다. 도대체 왜 그럴까? 같은 지역에 도로를 사이에 두고 있을 뿐인데 말이다. 이 두 필지의 운명을 가른 것은 바로 방향 때문이다.

태양은 동쪽에서 떠서 남쪽을 지나 서쪽으로 진다. 따라서 건물이 서 있으면 북쪽 방향으로 그늘이 생긴다. 이때 건물의 북쪽 방향에 있는 또 다른 건물에는 온종일 해가 들지 않는 사태가 올 수 있다. 이로 인해 주거환경이 나빠져 건강 및 환경에 좋지 않은 영향을 끼칠 수 있다. 건축법에서는 일조권을 통해 햇볕을 누릴 수 있는 권리를 보장하기 위해 전용주거지역과 일반주거지역에서는 정북 방향 인접대지 경계선으로부터 일정 거리를 띄워 건축하도록 하고 있다.

건축법 시행령 제86조(일조 등의 확보를 위한 건축물의 높이 제한) ① 전용주거지역이나 일반주거지역에서 건축물을 건축하는 경우에는 법 제61조 제1항에 따라 건축물의 각 부분을 정북 방향으로의 인접 대지경계선으로부터 다음 각 호의 범위에서 건축 조례로 정하는 거리 이상을 띄어 건축해야 한다.

1. 높이 9m 이하인 부분 : 인접대지 경계선으로부터 1.5m 이상

2. 높이 9m를 초과하는 부분 : 인접대지 경계선으로부터 해당 건축물 각 부분 높이의 2분의 1 이상

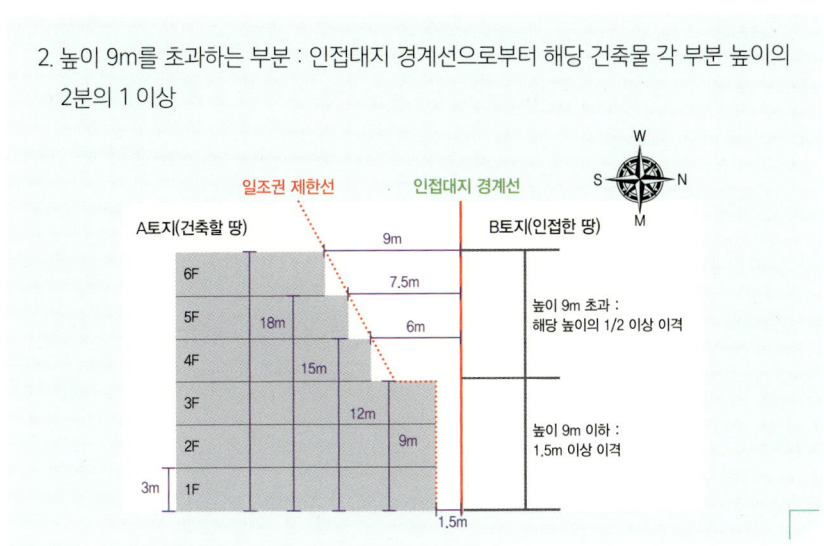

따라서 전용주거지역과 일반주거지역에 있는 토지는 어느 방향에 위치해 있는지에 따라 용적률을 다 활용할 수도, 일조권 때문에 다 활용하지 못한 채 건물을 지을 수도 있다.

도로 사이에 있는 두 건물 예시

사진에서 도로를 사이에 두고 있는 두 건물을 볼 수 있다. 온전히 올라간 왼쪽 건물에 비해 오른쪽은 정북 방향으로 용적률을 활용하지 못한 채 건물을 지은 모습을 볼 수 있다. 건축주 입장에서는 건축하지 못한 면적만큼 수익성이 떨어지므로, 애초에 토지를 평가할 때는 용도지역뿐 아니라 일조권 규제를 꼭 확인해야 한다. 참고로 일조권은 전용주거지역과 일반주거지역을 제외한 용도지역에서는 적용하지 않는다. 그러므로 준주거지역, 녹지지역, 상업지역 등에서 건축을 할 때는 일조권을 염두에 두지 않아도 된다.

용도지역이
상향되는 곳
알아보는 방법

용도지역이 상향되면 토지의 가치가 상승하는 만큼 지주에게는 무척이나 반가운 일이다. 하지만 이런 용도지역 상향은 막연히 기다린다고 이뤄지는 게 아니다. 수십 년이 지나도 그대로(오히려 더 규제가 강하게 묶이는 곳도 있음)인 곳도 있기 때문이다. 이번 장에서는 어떻게 하면 용도지역이 상향되는 토지를 미리 눈치챌 수 있을지 알아보자.

용도지역이 바뀌는 정책은 미리 도시관리계획을 통해 고시된다. 따라서 우리는 해당 지자체의 도시관리계획을 눈여겨봄으로써 미리 눈치챌 수 있다. 한 예로 지가가 큰 폭으로 급등했던 제주의 도시관리계획을 알아보자. 도시관리계획은 해당 지자체 홈페이지에서 볼 수도 있고, 구글 검색창에 '○○도시관리계획.pdf'를 입력해도 좋다.

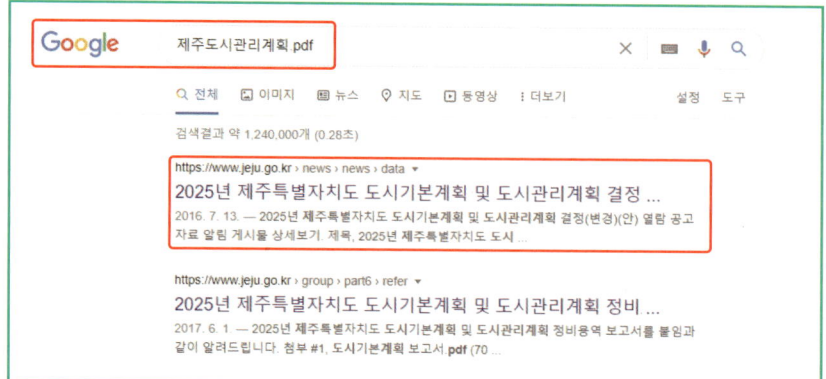

검색창에 입력하면 쉽게 찾을 수 있다

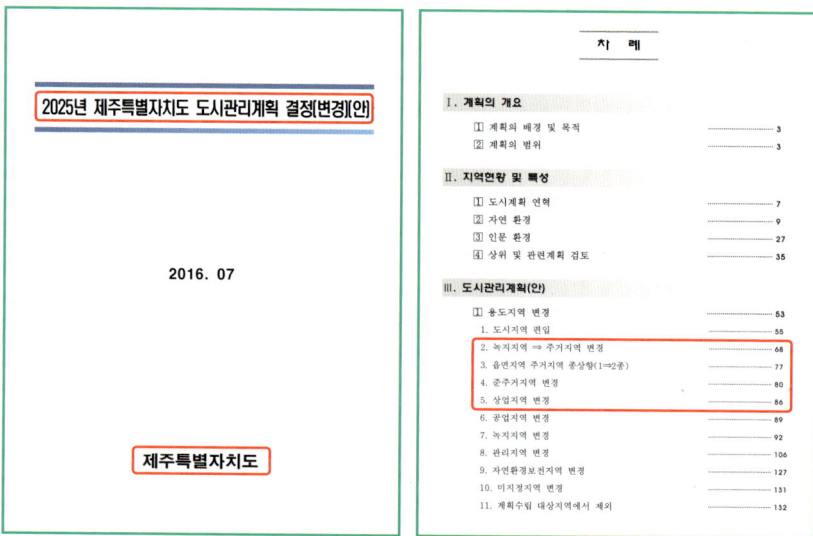

도시관리계획을 보면 용도지역이 상향되는 안내가 있다

　　도시관리계획을 보면 용도지역이 상향되는 여러 지역을 볼 수 있는데, 한 예로 자연녹지지역이 제1종주거지역으로 상향되는 경우를 보자. 도시관리계획을 보면 제주시 아라이동 간드락마을 일원의 용도지역이 상향된다고 적혀 있다. 물론 투기를 방지하기 위해 정확한 위치는 고시하지 않지만, 지도를 바탕으로 어느 지역인지 충분히 유추할 수 있다.

제주도시관리계획 내용 중 일부

도시관리계획을 바탕으로 해당 지역을 유추할 수 있다

　도시관리계획을 바탕으로 해당 지역을 찾으면 이곳은 용도지역이 상향될 곳으로 투자 가치가 높아진다. 게다가 도로가 없는 곳임에도 도시관리계획에 도로가 표시(빨간색 표시한 부분)되어 있어 향후 도로 개설이 되는 곳은 더욱 가치가 높아진다. 이런 도로 옆에 있는 토지들(파란색 선으로 표시한 부분)은 가치가 더욱 오르기 때문이다. 현재는 자연녹지지역이지만 제1종주거지역으로 상향되면서 한 번 오르고, 맹지에서 도로에 접한 토지가 되면서 또 한 번 오르는 것이다.

토지 투자를 해본 사람들은 아파트 투자보다 토지 투자가 더 쉽다는 말을 하는데, 이 같은 연유다. 어찌 보면 토지 투자는 매우 간단하다. 앞으로 어디가 좋아지는지 미리 알려주기 때문이다. 하지만 일반 투자자들은 도시기본계획(청사진) 및 도시관리계획(집행계획)은 찾아보지도 않고 그저 돈 되는 토지만 찾아다니니 보이지 않는 것이다. 여러분이 여행을 떠날 때 내비게이션(지도)을 맞추듯, 투자 여행도 마찬가지다. 수익이라는 투자 목적지에 도착하려면 최소한 어느 방향으로 가야 할지 이정표는 보고 가야 하지 않을까? 그 이정표가 바로 도시기본계획 및 도시관리계획이다.

PART 3

초보자도
쉽게 배우는
토지 투자
성공비법

낙찰받고 한 달 만에 2,500만 원 수익 낸 토지

　○○시에 위치한 단독주택 및 부지가 경매에 나왔다. 건물은 11평, 토지는 15평 남짓 되는 면적인데, 건물 감정가가 78만 원일 정도로 다 쓰러져가는 슬레이트 지붕 집이었다. 건물과 토지의 감정평가금액은 4,400만 원이었는데, 이 금액은 당시 시세보다도 저렴하게 감정된 금액이었다.

경매 나온 단독주택 모습

이 물건이 매력적인 이유는 향후 개발지로서 역세권이 들어올 곳이었기 때문이다. 또한, 도시계획시설도로가 계획된 곳이며 도로 옆 코너에 위치한 곳이었다. 토지의 일부는 도로에 편입되어 보상받을 테지만, 남은 토지는 도로 접합이 되니 매우 가치가 높아진다. 이곳은 제1종일반주거지역면서 지구단위계획구역이기에 지구단위계획의 목적으로 지정된 가치로 이용될 곳이다(지구단위계획도 제1종일반주거지역이었음). 따라서 현재 눈에 보이는 건 다 쓰러져가는 허름한 주택이지만, 향후 이곳엔 역세권 상가주택 등이 들어올 수 있는 것이다.

　이런 가치를 알아본 나는 지인을 통해 이 물건에 입찰하게 되었다. 아무래도 물건의 가치를 알아보는 사람들이 있을 것 같다는 생각에 감정가보다 높여서 쓰는 전략을 구사했는데, 결과적으로 21명의 입찰자를 물리치고 짜릿한 낙찰을 받게 되었다. 이 물건을 6,500만 원에 낙찰받고 바로 중개사무소에 내놨는데, 한 달도 안 되어 9,000만 원에 매도할 수 있었다. 빨리 거래될 수 있었던 이유는 앞서 말한 여러 가지 장점 덕분이었다. 토지는 오랜 시간 자금이 묶여 투자하길 꺼리는 경우가 많은데, 이처럼 가치 있는 토지는 빠르게 매도할 수 있으니 큰 장점이다. 게다가 가치가 높은 토지는 입찰보증금만 넣은 상태에서 복등기(매수자의 자금으로 경락대금을 치르면서 당일에 소유권이전을 소유자→낙찰자→매수자로 연거푸 등기하는 것)로 바로 매각하는 경우도 있으니 소액으로 투자하기 더할 나위 없이 좋다. 물론 이 경우, 대금납부기한까지 매도하지 못할 경우를 대비해 잔금 계획은 철저히 세우는 게 좋다.

짧은 기간 안에 토지를 매도한 사례는 또 있다. 2017년 4월, 전북 부안군에 위치한 73평(지목 '전', 제1종일반주거지역) 토지를 3,000만 원에 매입해 두 달도 안 되어 5월에 5,000만 원에 매도한 경우도 있다. 이때 땅을 매입한 이유는 당시 대통령 선거일(2019년 5월 9일)을 앞두고 유력한 대선 후보들이 내놓은 공약이 '새만금을 환황해권 경제의 중심지로 키운다'는 것이었다. 당시 대선 후보였던 문재인, 안철수, 홍준표 후보가 모두 새만금 사업 공약을 발표하면서 새만금 사업이 더 클 것으로 예상해 새만금 사업지와 4km 떨어진 부안군 하서면 토지를 매입했고, 예상대로 문재인 대통령이 당선된 후 매각할 수 있었다. 사실 당시 문재인 후보가 대통령 당선이 가장 유력했지만, 새만금 사업은 세 후보 모두 공약으로 발표할 만큼 밀어주는 사업이라서 누가 대통령이 되어도 가격이 오를 것이라고 예상할 수 있었다. 또한, 부안의 다른 110평(지목 '전', 계획관리지역) 토지는 4,500만 원에 매입해 6개월 후에 9,000만 원에 매도한 경우도 있었다. 이렇듯 토지 투자는 대선 공약, 정부 정책을 유심히 살펴보면 어디가 오를지 알 수 있으니 '묻지 마 투자'는 지양하고 오를 확률이 높은 곳에 투자하길 바란다.

3억 5,000만 원에 산 토지,
3년 후 9억 원에 팔다

토지는 단기부터 중장기까지 투자가 가능한 분야다. 짧으면 한 달 만에 매도한 토지도 있고, 2~3년 후를 바라보고 매입해 시세차익을 누린 토지도 있다. 다음 사례는 ○○시에 위치한 토지로, 3억 5,000만 원에 매입해 3년 후, 9억 원에 매도한 토지다.

해당 토지 모습

자연녹지지역의 410평인 해당 토지는 지목이 답이지만, 현황은 밭의 모습을 하고 있는 길쭉한 모양의 토지였다. 아스팔트 포장된 2차선 도로에 접하고 있었는데, 이처럼 길쭉한 토지는 도로에 접하고 있는 부분이 몇 m인지가 중요하다. 건축법에서는 4m 이상 너비의 도로에 2m 이상 접하면 되지만, 실제 도로에 접하는 면적이 좁으면 차량이 드나들기 어려워 애로사항이 많다. 해당 토지는 도로에 접한 가로길이가 17m라서 큰 지장이 없는 형상이었다. 참고로, 상업시설로 사용할 토지는 도로 전면부가 10~15m 이상이 좋다. 차량통행 및 유동인구가 많기 때문이다. 반면 주거용으로 이용할 토지는 차량통행 및 유동인구가 적기 때문에 도로 전면부가 4~6m가 좋다.

이 토지는 측면으로 바다 조망이 보이는 위치였다. 자연녹지지역에서는 아파트 건축을 제외한 대다수 주거시설 및 근린생활시설을 건축할 수 있어 선호도가 높은 곳인데, 측면이긴 해도 바다 조망이 보이니 얼마든지 활용 가치가 높은 토지였다. 국토기본계획 및 도시기본계획을 검토한 결과, 해당 지역은 해양관광권으로 육성하는 곳이어서 향후 관광도시가 될 곳이었다. 또한, 배후 주거지로 신도시가 들어설 곳이었다. 도로 여건도 크게 나아질 곳이었는데, 고속도로뿐만 아니라 국도까지 신설 계획이 예정된 곳이었다. 따라서 이곳은 토지 자체의 변화는 크지 않았지만, 관광단지, 배후 주거지, 교통 변화로 인한 주변 환경의 변화로 토지의 가치가 높아진 곳이었다.

앞서 말한 대로 해당 토지는 3억 5,000만 원에 매입, 3년 보유 후 9

억 원에 매도했는데, 매수자는 종교시설을 짓고 싶은 단체였다. 아늑하면서 바다 조망이 보이는 곳을 원했는데, 이 토지는 바다 조망이 보이고 자연녹지지역이어서 종교시설이 들어서기에 매우 적합해 수월하게 매도할 수 있었다.

향후 입지가 좋아져
매수자가 풍부해질
지역을 찾자

부동산 투자의 성공원칙을 한 가지만 꼽으라면 단연 '입지'일 정도로 입지의 중요성은 아무리 강조해도 지나치지 않다. 이미 입지가 좋은 지역은 땅값이 많이 상승해 있으니 후발주자로 들어가기엔 늦은 경우가 많다. 그러니 우리는 향후 입지가 좋아질 지역을 찾는 게 급선무다. 입지가 좋아지는 원인으로는 산업시설 유입으로 인한 일자리 증가, 배후주거지 조성으로 인한 인구 증가, 고속도로 및 국도 신설로 인한 교통환경 개선 등이 있다.

좋은 토지도 급매로 나온다

역세권 조성공사가 진행되는 경우 대부분의 지주들은 토지를 팔지 않는다. 조성이 완료되면 지가가 오를 것이 뻔한데 누가 내놓겠는가?

그러나 그런 곳이라 해도 누군가는 급히 돈이 필요하고, 운 좋게 급매로 내놓은 토지를 발견할 수도 있다. 이때, 구입하는 토지는 역의 정문 방향이 좋다. 지방, 특히 시골에 세워지는 역사는 도심지의 역세권처럼 크게 활성화되기 힘들다. 바로 입구 쪽 방향을 기준으로 상업 활동이 활발해지기 때문에 입구 쪽 방향을 선점해야 한다. 후문 방향이 활성화가 되지 않는다는 것은 아니지만, 규모의 차이에서 정문이 다섯 배 이상 더 활성화되는 경우가 많다.

또 하나 뜨는 곳은 산업단지 주변이다. 이때 말하는 산업단지는 국가 산업단지 및 대기업 공장을 말한다. 일반산업단지보다는 국가산업단지가 좋은 이유는 규모가 크고, 정부의 지원이 이뤄지기 때문이다. 실제로 시골에 가보면 크고 작은 산업단지를 보게 되는데, 일부는 유령 산업단지처럼 방치되어 있기도 하다. 하지만 국가산업단지 및 대기업공장은 그렇지 않다. 대기업이 만든 산업단지는 교통편이 우수하고, 주변 일대에도 영향을 끼친다. 특히나 대기업이 들어옴에 따라 근로자 수가 수만 명이 되는 경우에는 인근에 택지개발까지 이뤄지니 이러한 기사를 접하게 되는 경우에는 인근 입지를 들여다보자. 아직 그 영향을 타지 않은 토지가 분명 존재한다.

'일찍 일어나는 새가 먹이를 잡는다'고 했다. 부동산 투자도 마찬가지다. 정보를 먼저 선점하는 사람이 앞서가는 투자를 할 수 있는데, 이는 거창한 게 아니다. 평소 부동산 뉴스를 읽는 습관 차이 하나가 정보 선점력이다. 하루에 30분만 투자해도 연간으로 환산하면 꽤 많은 양의 뉴스가 된다. 또한, 어느 지역의 토지를 매수하기 전 온라인 검색창에 해당 지역을 입력해 부동산 뉴스를 검색해보자. 과거 10년 전부터 헤드라인을 중심으로 읽으며 추이를 살펴나가면 개발 동향을 유추할 수 있다.

> **Plus tip!** 길가에 부동산 중개사무소가 많은 지역은 꼭 조사해보자
>
> 토지 전문가라도 전국의 호재를 모두 세세하게 알긴 어렵다. 그러므로 가족 여행을 가거나 타 도시로 이동을 할 때 지나가는 길에 부동산 중개사무소가 많다면 꼭 조사를 해보는 게 좋다. 실제로 어떤 지역을 가다 보면 중개사무소와 이동식 중개사무소 컨테이너 박스가 쭉 나열된 곳이 나타난다. 그럴 때는 내비게이션으로 지역이 어디인지 확인해볼 필요가 있다. 또는 그 자리에서 주소를 검색해 토지이용계획을 확인해보기도 한다. 중개사무소가 많다는 것은 그 지역에 어떤 대형 호재가 존재한다는 것으로, 토지의 지가 일어날 것이라는 뜻이기 때문이다. '왜 이렇게 중개사무소가 많지?' 하는 호기심 하나가 여러분을 재테크의 성공으로 이끌어줄 수 있다.

효율적인
토지 투자 순서

진짜 가치가 있는 물건인지, 아닌지 가리기 위해 성급한 투자에 앞서 일련의 순서를 짚어볼 필요가 있다.

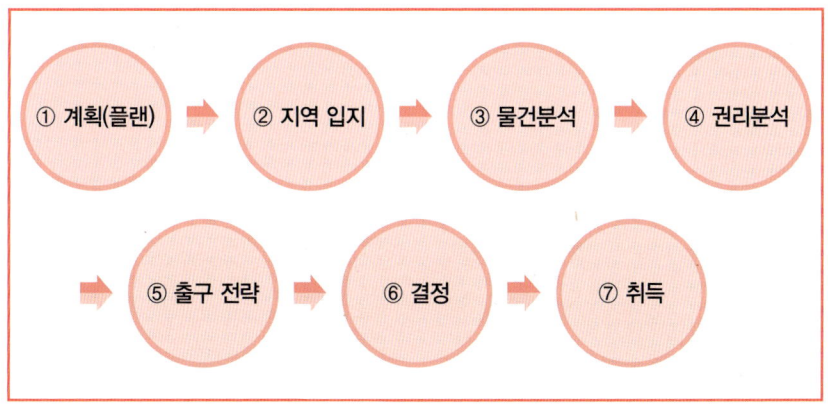

① 어디에, 얼마를, 얼마 동안 투자할지 계획을 세우자

사람들은 어디가 좋다고 하는 말 한마디에 급히 투자부터 하고 보는 경우가 있다. 즉, 생각하고 투자해야 함에도 불구하고 투자해놓고 생각하는, 주객이 전도된 모습을 보이는 것이다. 하지만 이래서는 성공적인 투자를 할 수 없다. 몇 달 안에 두 배 이상 오른다는 말에 앞뒤 재지 않고 전세 마련할 돈을 넣거나 아이의 대학 등록금을 투자했다가 생각보다 오랫동안 묶이는 경우도 많다. 따라서 차분히 계획을 먼저 세워야 하며, 투자 기간이 예상보다 길어질 경우의 대책도 마련해야 한다.

② 입지 가치가 상승해야 좋은 땅이다

땅은 여기에도 있고, 저기에도 있다. 여기에 있는 땅은 좋은 땅, 저기에 있는 땅은 나쁜 땅이 아니다. 자고로 좋은 땅이란 입지 가치가 상승하는 지역에 위치한 땅이다. 입지 가치가 상승하는 대표적인 경우는 철도나 도로가 개설되는 등의 교통시설의 호재다. 참고로 철도라도 다 같은 철도가 아닌, 고속철도 > 지하철 > 지역철도순이며, 도로는 고속도로 > 국도 > 지방도순이다.

한적한 시골길에 철도역이 생기며 지가가 큰 폭으로 상승했다

③, ④ 물건 자체가 가진 하자 유무를 살피자

아무리 입지가 좋아도 활용할 수 없는 땅이라면 말짱 꽝이다. 각종 부동산 규제에 묶여 건축이 불가능하거나, 하더라도 건폐율 및 용적률을 다 활용하지 못하는 경우에는 가치가 낮아질 수밖에 없다. 따라서 서류를 잘 살펴봐야 한다. 도시 입지는 지자체 홈페이지에서 도시계획(예 : 2030 부산도시기본계획 등)을 살펴볼 수 있고, 부동산 규제는 4대 서류[토지이용계획서, 지적도(임야도), 토지대장(임야대장), 등기사항전부증명서]를 통해 알 수 있다(필요에 따라 공시지가확인서도 발급). 덧붙여 건축물이 있는 경우 건축물대장도 발급해봐야 한다.

구분	주요 내용
토지이용계획서	용도지역(지구, 구역), 도시계획 입안사항, 도시계획시설 저촉 여부, 토지거래규제사항, 지번, 지목, 면적, 경계, 개별공시지가
지적도, 임야도	지목, 모양, 면적, 경계 등
토지대장, 임야대장	지번, 면적, 지목, 소유자, 취득일, 공시지가 등
등기사항전부증명서	부동산의 표시(지목, 내용), 소유권 및 기타 권리 사항
공시지가확인서	매년 정부에서 발표하는 각 땅의 공시지가
건축물대장	건물의 규모(면적, 층수), 구조, 용도, 소유주, 준공일 등

⑤, ⑥, ⑦ 다각도 출구 전략을 세우자

이 땅을 살 사람이 투자자인지, 실수요자인지 살펴야 한다. 또한, 예상보다 개발계획이 늦어지는 경우 어떻게 할 것인지, 개발이 무산되는 경우 어떻게 할 것인지를 살펴야 한다. 참고로 개발계획이 있더라도 실현까지 예상보다 오랜 시간이 소요되는 경우가 많다. 따라서 이런 곳은 여유자금으로 장기 투자를 한다면 마음이 한결 가벼울 것이다.

개별공시지가와
시세 차이의 간격

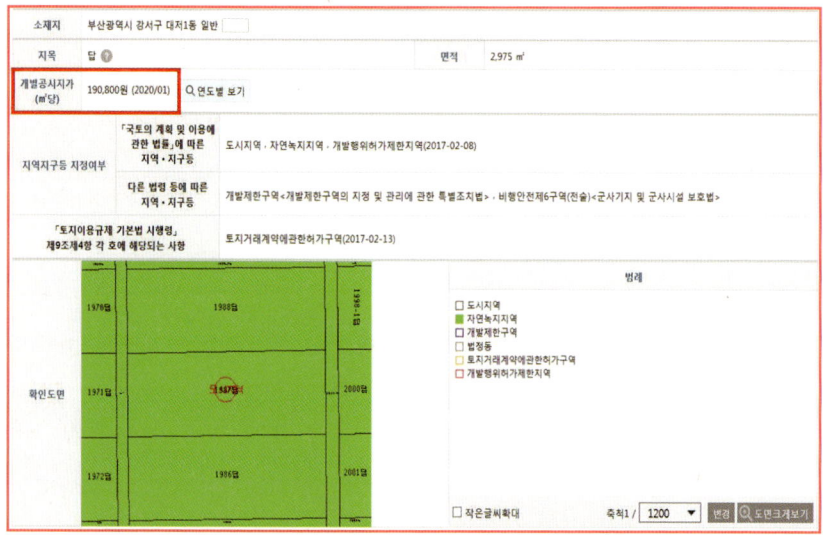

토지이용계획서에 적힌 개별공시지가(예시)

토지이용계획서에는 ㎡당 개별공시지가가 적혀 있는데, 예를 들어 ㎡당 19만 원인 경우, 평당 개별공시지가는 약 62만 원이다. 그런데 이 땅의 시세가 평당 130만 원이라면 비싸다고 안 살 것인가? 반대로 평당 50만 원이라면 싸다고 살 것인가? 토지 투자자인 우리는 개별공시지가와 시세를 분리해서 볼 줄 알아야 한다. 개별공시지가는 시세가 아니다. 개별공시지가는 세금 및 전용부담금을 산정할 때 기준이 되는 가격이다. 주위를 보면 개별공시지가보다 시세가 높은 땅도 있고 낮은 땅도 있다. 여러분이라면 어느 땅을 더 선호할 것인가?

그동안의 경험을 보면, 개별공시지가보다 시세가 높은 땅이 좋은 땅인 경우가 많았다. 그 이유는 간단하다. 매도자는 한 푼이라도 비싸게 팔고 싶고, 매수자는 한 푼이라도 싸게 사고 싶은 게 인지상정이다. 따라서 매도자는 개별공시지가보다 높은 가격에, 매수자는 개별공시지가보다 낮은 가격에 사고 싶어 할 것이다. 그런데도 현재 시세가 개별공시지가보다 높다는 의미는 개별공시지가보다 거래가액이 더 높은데도 그동안 거래가 이뤄져왔다는 것을 의미한다. 그만큼 매수자가 이 땅을 매력적으로 받아들인다는 의미다. 하지만 개별공시지가보다 시세가 낮은 땅은 그동안 사겠다는 사람이 없어 매도자가 개별공시지가보다 더 낮은 가격에 내놨음을 의미하기 때문에, 이런 땅을 사면 호재가 없는 이상 팔기가 어려운 경우가 많다.

지목과 토지의
가치는 별개다

 사람의 겉모습(외모)과 능력은 별개다. 겉모습이 번지르르하다고 능력 있는 것은 아니며, 겉모습이 초라하다고 능력이 없다고 섣부른 판단을 하지 말아야 한다.
 토지도 마찬가지다. 토지의 겉모습은 지목이며, 능력은 용도지역이다. 초보자들은 지목이 '대'인 땅을 좋아하는데 그럴 필요는 없다. 지목은 현재 사용하고 있는 목적을 말할 뿐, 평생 그 지목으로 가는 것이 아니기 때문이다. 따라서 지목에 따라 토지를 평가하지 말고, 용도지역에 따라 토지의 능력을 가려야 한다.

지목	부호	지목	부호
전	전	철도용지	철
답	답	제방	제
과수원	과	하천	천
목장용지	목	구거	구
임야	임	유지	유
광천지	광	양어장	양
염전	염	수도용지	수
대	대	공원	공
공장용지	장	체육용지	체
학교용지	학	유원지	원
주차장	차	종교용지	종
주유소용지	주	사적지	사
창고용지	창	묘지	묘
도로	도	잡종지	잡

28지목(지목의 앞 글자를 부호로 사용하지만, 공장용지, 주차장, 하천, 유원지는 부호의 중복으로 인해 중간 글자를 부호로 사용한다)

참고로, 어느 지목에도 속하지 않는 땅을 잡종지라고 한다. 잡종지는 어느 행위든 할 수 있는 땅이라 높이 평가된다(용도지역 확인은 필수). 전, 답, 과수원은 농지이며 임야는 산지다. 농지는 농지법, 산지는 산지관리법의 규제를 받는다. 전체 토지 면적 중 농지가 20%, 산지가 65% 정도여서 둘만 합해도 85%다. 여러분이 투자하는 토지는 전, 답, 과수원, 임야 중 하나일 가능성이 크다. 이들 토지는 국토의이용및계획에관한법률뿐만 아니라 농지법, 산지관리법에서 별도 규제하고 있으니 이들 법을 잘 숙지해야 실패하지 않는 투자가 될 것이다.

주변 건물을 유심히 보면
토지 안목이 높아진다

활용성이 높은 토지가 가치도 당연히 높다. 하지만 초보 투자자 입장에서는 어떤 토지가 활용성이 높은지 알기 쉽지 않다. 부동산 공법이 머릿속에 체계적으로 잡히지 않다 보니 과연 어떤 토지에 어떤 건물을 지을 수 있는지, 면적은 어느 정도가 적당한지 모르는 경우가 많다. 물론 이는 체계적으로 부동산 공법을 공부하면 알 수 있지만, 그 전에 일상생활에서 빠르게 감각을 익히는 방법이 있다. 바로 주변 건물을 유심히 보는 습관이다.

예를 들어, 길을 가다 사진과 같은 건물을 봤다고 가정해보자. 이 건물의 주소를 입력하면 해당 건물의 내역을 알 수 있다. 참고로 네이버 지도에서 해당 건물을 선택한 후 마우스 우측 버튼을 클릭하면 주소를 알 수 있다. 이 주소를 디스코(www.disco.re)에 입력하면 건물의 상세 내역을 알 수 있다.

길거리에 있는 건물 예시

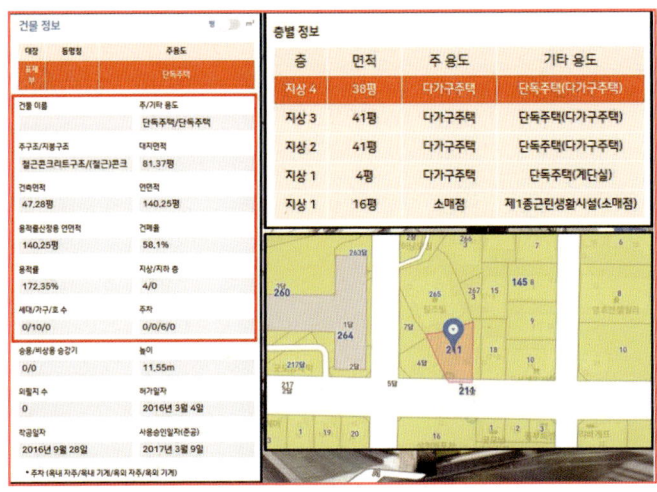

건물 정보 상세 내역

　예시에서 보는 해당 필지는 제2종일반주거지역으로 대지 면적 약 81평이다. 해당 건물은 건폐율 58.1%, 용적률 172.35%로 지어진 지상 4층 건물이다. 지상 1층은 16평의 근린생활시설로서 부동산 중개사무소로 사용 중이며, 지상 2~4층까지는 다가구주택(10가구)이 건축되었음을 알 수 있다. 따라서 여러분은 제2종일반주거지역 80여 평의 대지에는 이렇게 단독주택(다가구주택)을 건축할 수 있음을 배울 수 있다. 참고로 다가구주택으로 많이 선호하는 대지 면적은 80~120평 내외다.

용도에 맞는
토지 크기가 있다

 아무리 싸게 토지를 샀더라도 다시 팔아야 수익을 볼 수 있다. 이때, 원하는 가격 및 시점에 팔기 위해서는 사 줄 사람이 많을수록 유리하다. 그러므로 처음부터 사 줄 사람 입장에서 토지를 보는 습관을 들여야 한다.

 바닷가 전망이 보이는 토지를 사서 건물을 짓는다고 가정해보자. 토지의 용도에 따라 주택, 카페, 음식점, 숙박시설 등 다양한 업종이 선호된다. 하지만 아무리 바닷가 전망이 보이는 곳이라 해도 상권 및 수요가 맞지 않는 건물을 지으면 오랫동안 임대 및 매매가 되지 않을 수 있다. 실제 이런 안타까운 현상은 의외로 주변에서 많이 볼 수 있다.

임대가 나가지 않는 모습(예시)

토지를 사서 직접 건물을 지을 목적이든, 다른 사람에게 팔 목적이든 결론적으로 수요자가 원하는 목적이어야 투자 성공을 가져올 수 있다. 그러기 위해서는 이용자가 누구인지, 이용객의 이동수단이 도보인지, 차량인지를 파악해야 한다. 실제 이용자의 관점에서 보행 동선과 차량 동선을 파악해야 한다. 또한, 차량을 이용하는 경우 진입로 및 주차장이 중요하므로 이런 시설관리에 신경 써야 한다.

수요자가 원하는 면적인가?

"아무 문제가 없는데 왜 땅이 안 팔리는지 모르겠어요."

간혹 내게 이런 하소연을 하는 분들이 있다. 아는 사람의 권유로 땅을 사놨는데 도통 팔리지 않는다며 말이다. 용도지역, 도로 등 건축법상의 문제가 없음에도 땅이 팔리지 않는다면, 면적이 모호하진 않은지 점검해야 한다. 카페, 음식점 등 상업용 시설이 원하는 대략적인 면적이 있기 때문이다.

상업용 건물 면적
- 도심 보행 동선 : 소형 20~25평 / 대형 150~250평
- 도심 차량 동선 : 150~300평
- 도심 차량 동선 드라이브스루 등 : 250~300평 이상
- 도심 외식가 : 450~1,000평 이상
- 외곽지 카페, 음식점 : 소형 300~500평 / 대형 1,000~1,500평
- 숙박시설 : 소형 250평 / 대형 10,000~20,000평
- 대형 관광단지 : 10~25만 평
- 결론 : 보행 동선 250평 이하 / 차량 동선 250평 이상

부산에 위치한 실제 상업용 건물 면적 (예시)
- 스타벅스 드라이브스루 : 250~300평 이상
- 대로변 대형빌딩 : 120~280평
- 시외 랜드마크 카페 : 헤이○ 1,650평
                  웨이브○ 1,104평(464평+옆 주차장 640평)
                  카페○ 295평
                  호피폴○ 530평
                  노이○ 492평
- 시외 음식점 : 풍원○ 1,116평
               대게만○ 2,879평
- 무인텔, 모텔 : 250평
- 힐○호텔 부산(9,873평)+아난○펜트하우스(13,068평) = 22,941평

따라서 외곽지에 카페나 음식점을 목표로 100평짜리 토지를 샀더라도 이 면적은 너무 작아 원하는 수요자가 거의 없다. 외곽은 차량으로 이동해야 하는 만큼 주차 진입로와 주차장 면적을 제외하면 실제 건축할 수 있는 면적이 나오지 않기 때문이다. 따라서 수요자가 가장 선호하는 면적이 어느 정도인지 살펴 애초에 그만큼의 면적을 확보하는

게 좋다. 면적이 적다면 인접 필지를 매입하고, 너무 큰 토지라면 모든 필지가 도로에 접할 수 있도록 알맞은 크기로 분할해 파는 것도 좋은 방법이다.

합필,
토지의 가치를 높이다

하나의 지번이 부여된 토지를 '필지'라고 부른다. 따라서 한 필지의 면적이 작은 경우도 있고, 큰 경우도 있다. 면적이 작은 필지를 합해 한 필지로 만드는 것을 '합필'이라 하며, 면적이 큰 필지를 둘 이상의 필지로 나누는 것을 '분필'이라고 한다. 즉, 토지는 이용 목적에 따라 면적을 인위적으로 조절할 수 있다. 토지 투자에서 토지 합필과 분필은 토지 투자 고수로 가는 기본기라 할 수 있다.

시세 차익을 톡톡히 누리다

간단한 예로 도로가 없는 저평가된 맹지를 소유하고 있을 때, 도로를 낀 옆 땅을 매수해서 합필하게 되면 저평가된 땅이 곧 본래 시세대로 회복되는 것을 볼 수 있다. 따라서 내 토지가 도로에 접해 있지 않다고 실망하지 말고, 또는 도로에 접해 있다고 우쭐할 일도 아니다.

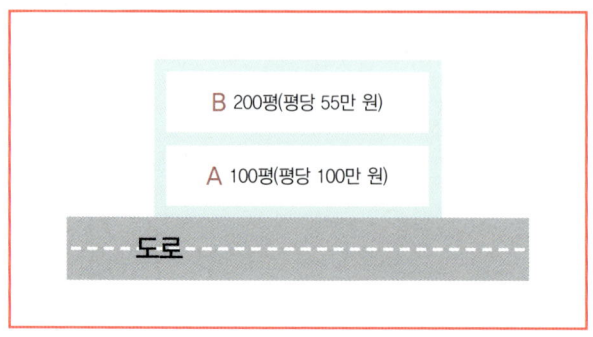

그림과 같이 A, B필지가 있을 때 A필지는 도로에 접했으니 시세대로 받고 팔리고, B필지는 맹지이므로 A에 비해 50~60% 시세에 팔릴 것이다. 그래서 A필지가 평당 100만 원, B필지가 평당 55만 원에 팔렸을 때, 이를 곧이곧대로 사고파는 행위는 일차원적이다. 토지 고수는 A토지를 산 후 B토지까지 매입해 이를 합필, 300평을 모두 도로에 접한 토지로 바꾼다. 그러면 300평 모두 평당 100만 원을 받을 수 있어 수익이 더욱 높아진다. B필지가 먼저 매물 시장에 나왔어도 마찬가지다. 맹지라고 우습게 볼 게 아닌 맹지인 덕분에 가격이 낮으므로 싸게 매입한 후, A필지를 매입해 합필하면 B필지의 시세가 평당 100만 원으로 상승하는 효과가 발생한다. 다만 만약 상대 필지 소유자가 팔지 않겠다고 하면 적정선에서 가격을 조금 더 높여주는 것도 하나의 방법일 것이다. 합필하면 전체 면적의 가격이 올라가는 만큼 조금 더 주더라도 손해가 아니기 때문이다. 또한, 상대 필지 지주 입장에서도 시세보다 조금 더 받고 팔았으니 서로 기분 좋은 거래를 할 수 있을 것이다.

더불어 합필은 토지의 모양도 변하게 할 수 있다. 만약 갖고 있는 땅이 삼각형 모양이라 제값을 못 받고 저평가되어 있다면 주위의 땅을 둘러보자. 이쪽의 땅이 삼각형이라면 옆의 땅도 삼각형일 확률이 높다. 이럴 경우, 옆 땅을 사서 합필해 사각형 모양으로 만들면 땅값이 회복된다. 옆 땅을 매수하는 것이 여의치 않을 경우, 옆 지주와 협의해 서로 직사각형 모양이 될 수 있게끔 모서리 부근을 교환하는 방법도 있다.

합필의 조건

1. **행정구역이 동일할 것** : 한 필지는 명지동, 다른 한 필지는 대저동인 것처럼 행정구역이 다르면 합필이 불가능하다.
2. **소유자가 동일할 것** : 한 필지는 갑 소유, 나머지는 을 소유일 경우 합필이 불가능하다.
3. **지목이 동일할 것** : 지목이 다르면 합필이 불가능하지만, 지목 변경을 통해 서로의 지목을 동일하게 만든 후엔 합필이 가능하다.
4. **지반이 연속될 것** : 합필하려는 토지 사이에 구거(도랑)가 위치하거나, 심한 경사 차이가 있는 경우 합필이 불가능하다.
5. **축척이 동일할 것** : 한 필지는 1/3,000, 다른 필지는 1/25,000인 경우 합필 불가능, 재측량을 통해 토지의 축척을 일치시킨 후 합필이 가능하다.
6. **등기상 소유권 이외의 권리가 일치할 것** : 각 필지에 서로 다른 저당권 등이 설정되어 있거나 하는 경우엔 합필이 불가능하니, 제한 권리를 모두 소멸시키거나 일치시키면 합필이 가능하다.

분필,
먹기 좋은 떡이 잘 팔린다

　면적의 큰 토지를 나눠 팔면 사는 입장에서는 큰돈이 들지 않아 부담이 적고, 지주의 입장에서는 평당 땅값을 높게 받을 수 있어 유리하다(분할을 하면 10~20%를 더 받을 수 있다). 한 예로 평당 200만 원짜리 500평(10억 원)보다 이를 100평으로 나눠 5필지로 분할하면 평당 230만 원 정도(총 11억 5,000만 원)를 받을 수 있어 매매 수익이 더 높다. 이는 도매가로 사서 소매로 나눠 파는 경우와 같다고 볼 수 있다. 토지 분할에 소요되는 비용은 1회에 약 100만 원 내외 소요되므로 5필지로 분할하려면 4회 분할이 필요해 400만 원가량 소요된다. 결과적으로 400만 원 들여 1억 5,000만 원의 수익을 더 보면서 빨리 팔 수 있는 유용한 방법이다.

　토지 분할은 토지 고수들이 즐겨 쓰는 방법이다. 그러나 지적관리를 하는 국가의 공적 입장에서 보면 너무 잘게 나누면 필지 수가 많아져 행정상 업무가 가중되고, 또 토지의 용도도 제한될 수 있다. 더구나 길도 없어 쓰지 못하는 토지를 잘게 나눠 허위 과대광고로 팔아치우는 일부 기획 부동산 회사의 행태는 사회적 문제를 일으키곤 한다. 이런 이유로 토지 분할을 하려면 개발행위허가(토지분할허가)를 받아야 하며, 최소분할면적보다 작은 면적으로는 분할이 되지 않는다.

> **토지 분할 최소 면적**
> - 주거지역 60㎡(약 18평)
> - 상업지역 150㎡(약 45평)
> - 공업지역 150㎡(약 45평)
> - 녹지지역 200㎡(약 60평)
> - 기타지역 60㎡(약 18평)

한 예로, 주거지역의 토지 110㎡가 있다면 이를 분할하면 어느 한쪽의 면적이 60㎡ 미만이 되어 최소분할 제한면적에 못 미치게 된다. 따라서 이런 필지는 분할이 되지 않는다. 즉, 주거지역은 120㎡ 이상, 상업지역 및 공업지역은 300㎡ 이상 등의 면적이 되어야 분할을 신청할 수 있다. 이 외에도 지자체에서 조례를 통해 최소 분할면적 제한을 하고 있으니 반드시 최종 확인은 조례까지 해야 한다. 또한 제주도 같은 경우, 분할을 1회만 허용하고 있어 면적이 큰 토지를 2~3회 분할할 생각으로 구입하는 경우, 낭패를 볼 수 있다. 더불어 경지 정리된 농지의 경우, 농지법상 4,000㎡(약 1,200평)가 넘어야 2,000㎡(약 600평)로 분할이 가능하다. 그린벨트 내의 토지도 분할 제한을 받는데, 일반 필지

분할은 200㎡(약 60평)이지만, 건축을 위한 분할은 330㎡(100평) 이하는 제한한다. 더불어 기획 부동산 회사가 그린벨트 토지를 바둑판 모양으로 쪼개는 걸 방지하기 위해 지자체는 분할 사유와 면적, 필지 수 등이 그린벨트의 토지이용 및 보전에 적합한지 검토하게 된다.

결론적으로, 적절한 합필과 분필을 통해 토지의 가치를 높이는 전략은 매우 훌륭하다. 다만, 지자체마다 규정이 다를 수 있으므로 반드시 최종 확인은 조례를 통해 확인하는 습관을 들이는 게 좋다. 다른 지역에서 분필해봤다고 이 지역에서도 분필이 될 것이라고 면적 큰 토지부터 사놓는다면 자칫 애를 먹을 수도 있기 때문이다.

PART 4

초보자도 쉽게 따라 하는 농지 투자법

이런 농지가
투자 가치 좋다

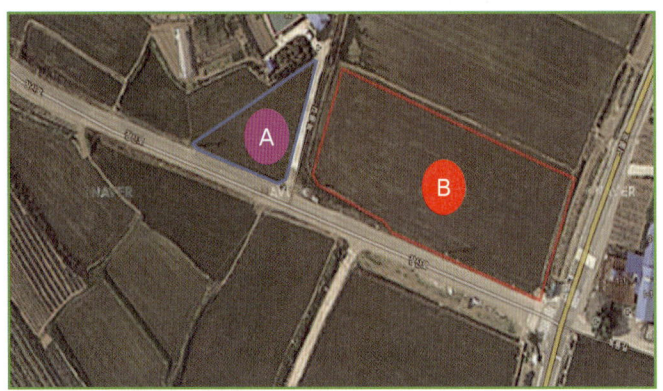

두 농지 중 어느 농지를 사겠는가?

삼각형인 A농지는 평당 50만 원이고 직사각형인 B농지는 평당 10만 원이라면, 어느 농지를 사겠는가? 이 경우, 대다수의 초보 투자자는 B농지를 산다. 그리고 나서 싸게 샀다고 좋아한다. 하지만 과연 그럴까?

 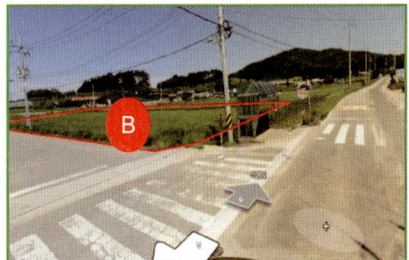

A, B 농지의 로드뷰 모습

A, B 농지의 로드뷰를 보면 A보다 B농지가 접한 도로너비가 더 넓으며, 농지 모양도 네모반듯해 세모 모양인 A보다 더 좋아 보인다. 게다가 가격까지 A에 비해 1/5 수준이니 어찌 마음이 혹하지 않겠는가? 하지만 토지는 가격 및 모양만 볼 게 아니라 쓰임새와 가치를 봐야 한다. 좋은 건물을 개발하려면 좋은 땅이 필요한데, 좋은 땅이란 개발하기 쉬운 땅을 말한다. 이를 확인하려면 토지이용계획서를 보면 된다.

매수자가 좋아할 만한 토지를 사야 한다

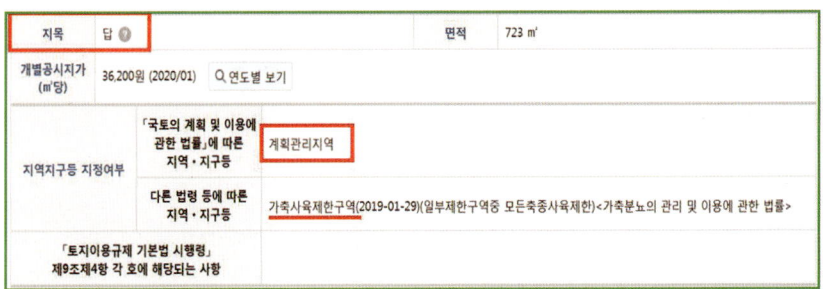

A농지의 토지이용계획서

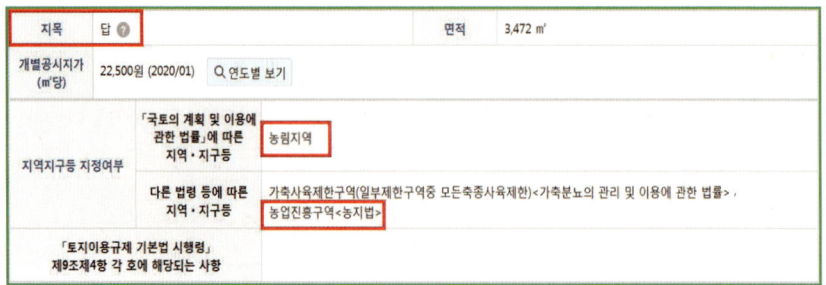

B농지의 토지이용계획서

　A농지는 지목이 답이며, 계획관리지역이다. 따라서 이곳은 농지전용을 통해 계획관리지역에서 허용하는 건축행위를 할 수 있다. 계획관리지역은 단독주택, 다가구주택, 다세대주택, 근린생활시설 등 4층 이하 건축물을 지을 수 있다. 이외에도 기준 범위 내의 공장, 창고, 숙박시설 등도 지을 수 있다. 가축사육제한구역이라 축사, 돈사, 양계장 등 가축사육시설이 들어올 수 없으니 쾌적한 환경이 유지되어 여러모로 활용 가치가 높다. 반면 B농지를 보면, 지목이 답이며 농림지역이면서 농업진흥구역이다. 따라서 이곳은 농림진흥구역에서 허용하는 행위만 할 수 있다. 농림지역 중 농업진흥지역(농업진흥구역, 농업보호구역)은 농지법에서 정하는 바에 따르기 때문이다(국토의계획및이용에관한법률 제76조5항3호).

　그러므로 B농지는 농업인이 아닌 이상 단독주택도 짓기 어려운 강력한 행위 제한을 받는 땅이 된다. 설령 농업인이라 하더라도 경지 정리되어 있는 B농지에서 농지전용허가를 받기란 매우 어렵다. 경지 정리되어 있는 농지는 농업 생산량을 높이기 위해 국가의 자본이 소요된 곳으로, 여간해서는 전용허가를 해주지 않는 경우가 많다.

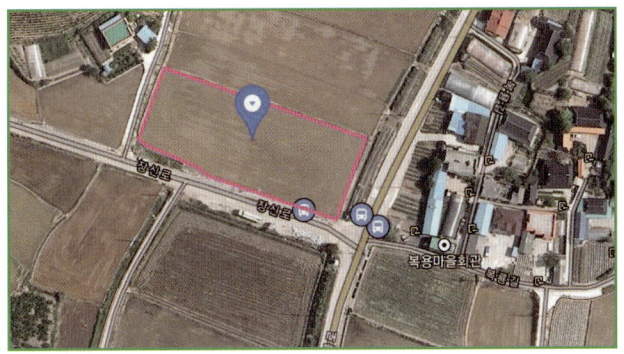

경지 정리되어 있는 B농지 모습

그러니 투자자 입장에서는 가격이 싼 B농지보다 활용 가치가 높은 A농지를 선택해야 한다. 내가 산 토지를 투자자든, 실수요자든 누군가에게 팔고 나오려면 매수자가 좋아할 만한 토지를 사야 하기 때문이다.

가치가 낮으면
싼 가격이 무용지물이다

　값이 싸다는 건 상당한 호재다. 자본주의 시장의 결정적인 투자 메리트 중 하나인 저가는 일단 눈길을 끄는 효과가 있다. 만약 5,000만 원으로 토지 투자를 하려고 할 때, 종목 선택에 많은 영향을 미치는 게 바로 가격이다. 단적으로 말하면, 50만 원짜리 100평보다 10만 원짜리 500평을 선호한다. 1만 원짜리 5,000평이면 더욱 눈길을 끈다. 이는 넓은 면적으로 보유하고 있다는 생각에 포만감과 만족감을 준다. 잘하면 대박이라는 환상도 한몫한다. 면적이 넓은 만큼 지가가 올라주면 더 큰 수익을 얻을 수 있으니 말이다. 소액으로 토지 투자를 시작하는 분들은 특히 싼 토지에 대한 집착이 있다. 하지만 진정한 투자자는 양보다 질을 선택한다. 품질이 떨어져 값이 싼 토지는 경계 대상이다. 값싸게 거래되어도 토지 가치가 낮다면 싸다고 볼 수 없기 때문이다.

농지의 구분	
농업진흥지역 (절대 농지)	농업진흥구역
	농업보호구역
농업진흥지역 외 농지(상대 농지)	

개인적으로는 가급적 농업진흥지역(절대 농지)은 투자하지 않는다. 특히 초보 투자자일수록 절대 농지는 멀리하는 게 좋다. 농업인이 아닌 일반인의 신분으로 농업진흥구역은 개발이 불가능한 경우가 대부분이며, 농업보호구역은 개발할 수 있는 범위가 작다. 하지만 농업진흥지역 외 농지(상대 농지)는 개발할 수 있는 여건이 많으므로 상대 농지에 투자하는 것이 좋다. 투자는 누군가가 내가 산 가격보다 비싼 가격에 사줘야 성공하는데, 그 누군가는 농업인이 아닌 일반인인 경우가 대부분이기 때문이다.

주식은 환금성과 수익성이 좋지만 안정성이 떨어지고, 토지는 수익성과 안정성이 높지만 환금성이 떨어진다. 따라서 어떻게 하면 환금성을 높일 것인지가 투자의 관건이다. 다수의 사람이 원하는 땅이 잘 팔릴 수 있는 것은 기정사실이므로, 상대 농지 투자가 더 적절하다는 것을 말하고 싶다. 토지 고수는 환금성을 중요시한다. 잘 팔리는 땅을 싸게 사놓으면 실패는 없다. 하지만 가치는 보지 않고 싼 가격에 혹해 사놓는다면 오랜 시간 동안 팔리지 않아 애먹는 경우가 많다.

농취증 발급,
어려워하지 말자

   농지를 구입할 때는 농지취득자격증명서(줄여 '농취증'이라고 함)를 발급받아야 소유권이전을 할 수 있다. 이는 매매뿐만 아니라 경매·공매도 마찬가지다. 경매의 경우 매각기일로부터 7일 내(매각허가결정기일)까지 농취증을 제출하지 못하면, 입찰보증금이 몰수되고 해당 물건은 재매각으로 진행된다. 다만, 공매인 경우 대금납부기일까지 농취증을 제출하면 된다. 대금을 납부하고도 농취증을 제출하지 못하면 소유권이전을 받을 수 없다.

   이런 이유로 많은 분들이 농취증 발급이 어려울까 봐 농지에 입찰하지 못하는 경우가 많다. 하지만 실무에서 보면 농취증 발급이 까다로운 경우는 극히 일부분이며, 대다수의 경우 수월하게 발급되니 미리 겁먹지 말자. 특히 1,000㎡(약 302평)까지는 주말체험영농 목적으로 농취증을 발급받을 수 있으니 훨씬 수월하다. 강원도에 사는 사람이 제주도의 땅을 주말농장으로 살 수 있다. 전국이 일일생활권이 되었기 때문이다. 참고로, 주말체험영농의 1,000㎡의 기준은 세대별 합산이다. 만약 기존에 남편 명의로 600㎡의 농지를 보유하고 있는데, 이번에 아내 명의로 500㎡ 농지를 구입하려 할 때 주말체험영농으로 신청하면 기준 면적을 초과했으므로 발급되지 않는다. 이런 경우 주말체험영농이 아닌 농업경영목적으로 신청해야 한다.

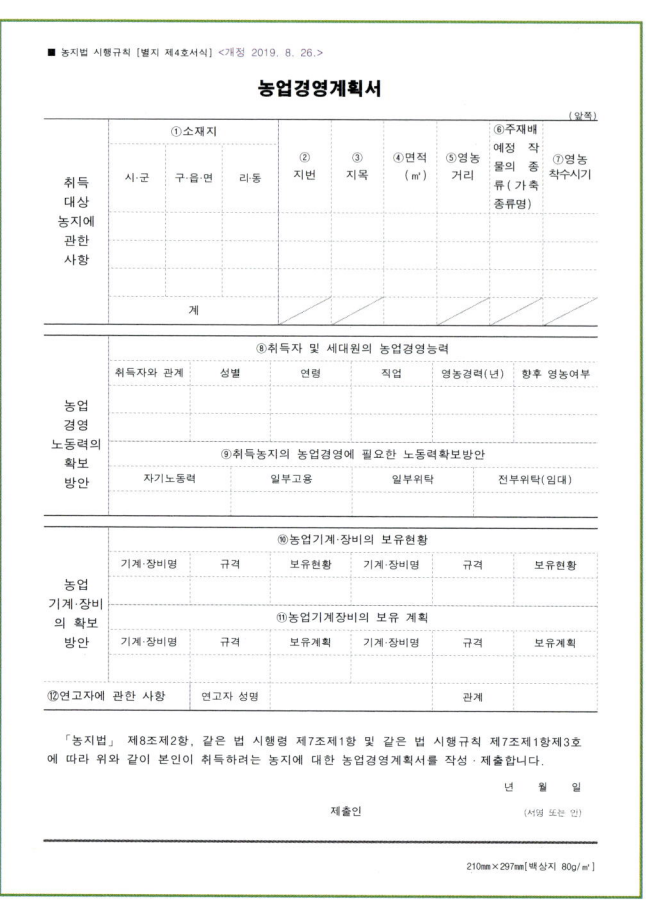

농취증에서 가장 현명한 방법은 매입하기 전 농취증 담당자에게 미리 전화해 물어보는 것이다. 해당 필지의 지번을 알려주며, 농취증 발급에 관해 필요한 사항들을 물어보는 것이다. 특히 대리인 발급이 가능한지를 꼭 물어보자. 간혹 일부 담당자들은 반드시 본인이 와야 한다고 주장하는 곳도 있다. 만약 농취증 발급 조건을 담당자에게 묻기 어렵다면 현지 법무사에게 물어보는 게 가장 수월하다.

> **Plus tip!** 🔖 **농취증 없이 농지를 취득할 수 있는 경우**
>
> - 상속으로 농지를 취득한 경우
> - 법 규정에 의한 담보농지
> - 국가, 지방단체가 농지를 취득할 때
> - 용도지역이 주거지역, 상업지역, 공업지역의 농지인 경우

농지,
틈새 시장 공략하는 법

 여러분이 적당한 토지에 원룸(다가구주택) 건물을 지어 임대사업을 하려고 한다. 다달이 월세를 받아 사용하면 은퇴 후에도 걱정 없을 것 같기 때문이다. 그럼 원룸을 지을 수 있는 토지를 찾아다닐 것이다. 물론 원룸 수요자가 많이 있을 지역 위주로 말이다. 이때, 토지이용계획서상의 규제는 같은데 이미 대지로 작업이 되어 있어 바로 건물만 올리면 될 것 같은 땅은 평당 150만 원이고, 현재는 농지인 상태의 땅은 평당 50만 원이라면 여러분은 어느 땅을 선택하겠는가?

 초보자들은 다소 비싸더라도 건물을 바로 지을 수 있는 땅을 선호하겠지만, 투자 고수들은 그렇게 하지 않는다. 실제 대지 가격은 '농지 가격+개발 비용+인허가 리스크 프리미엄'이 합산된 가격이기에 입지가 좋은 곳의 농지를 사서 개발하면 더 높은 수익을 올릴 수 있기 때문이다.

지하철역 인근에 위치한 해당 농지(예시)

농지전용부담금을 잊지 말자

농지를 농사짓는 목적 외에 다른 목적에 이용하려면 농지전용허가를 받은 후 농지전용부담금(농지보전부담금)을 납부해야 한다.

농지전용부담금 = 전용 면적 × 개별공시지가 × 30%
[상한액 ㎡당 50,000원(평당 약 165,000원)]

예를 들어 농지면적이 500㎡이고 개발공시지가가 ㎡당 10만 원인 경우, 농지전용부담금은 1,500만 원(500㎡×10만 원×30%)이다. 그렇다면 다음과 같은 경우 농지전용부담금은 얼마일까?

소재지	부산광역시 강서구 대저1동 일반			
지목	답		면적	727 ㎡
개별공시지가 (㎡당)	977,300원 (2020/01) 연도별 보기			
지역지구등 지정여부	「국토의 계획 및 이용에 관한 법률」에 따른 지역·지구등		도시지역, 제1종일반주거지역, 제1종지구단위계획구역(사덕상리), 도로(접합)	
	다른 법령 등에 따른 지역·지구등		비행안전제6구역(전술)<군사기지 및 군사시설 보호법>, 자연재해위험지구(2015-03-18)<자연재해대책법>	
	「토지이용규제 기본법 시행령」 제9조제4항 각 호에 해당되는 사항			

해당 필지의 농지전용부담금은?

앞선 계산법과 같은 방법으로 계산해보면 약 2억 1,300만 원(727㎡ ×977,300원×30%)이 나온다. 하지만 이는 바른 셈법이 아니다. 농지전용부담금의 상한액은 ㎡당 5만 원이므로 3,635만 원(727㎡×5만 원)이 올바른 전용부담금이다. 그러므로 토지이용계획서를 살펴본 후, 해당 건축행위가 가능한 용도지역의 농지를 매입한 뒤, 개발행위허가를 받은 후 농지전용부담금을 납부하면 처음부터 대지로 매입하는 것보다 인허가 프리미엄을 오롯이 독식할 수 있다. 따라서 토지에 투자하려면 대지는 좋고, 농지는 좋지 않다는 인식을 버리자. 실제로 돈 되는 토지는 농지에서 나오는 경우가 많다.

싼지, 비싼지
한눈에 알아보는
농지 가격 산정법

앞서 '대지 가격 = 농지 가격 + 전용 비용 + 인허가 리스크 프리미엄'이라고 말했다. 이 말인즉슨, '농지 가치 = 인근 대지 가격 − (전용 비용 + 인허가 리스크 프리미엄)'이 된다. 참고로 농업진흥지역에 있는 농지도 있고, 그 외 지역에 있는 농지도 있는데 어느 곳에 있느냐에 따라 효용 비율이 달라진다. 규제가 강한 순으로는 농업진흥구역 > 농업보호구역 > 농업진흥지역 외 농지순이다. 즉, 농지의 투자 가치는 '인근 대지 가격 × 농지 효용 비율'이라고 볼 수 있는데, 실무에서 보는 효용 비율은 다음과 같다.

농지의 구분		효용 비율
농업진흥지역 (절대농지)	농업진흥구역	30%
	농업보호구역	40%
농업진흥지역 외 농지(상대 농지)		60%

인근 대지 가격이 ㎡당 100만 원이라면 농업진흥구역 30만 원, 농업보호구역 40만 원, 농업진흥지역 외 농지(상대 농지) 60만 원 선이 적정하다고 볼 수 있다. 따라서 만약 인근 대지 가격이 ㎡당 90만 원인데 농업진흥구역 농지가 ㎡당 24만 원에 나왔다면, 적정 시세는 평당 27만 원(90만 원×30%)이므로 약 11% 저평가되었다고 볼 수 있다. 다만 농업진흥구역의 농지는 규제가 많은 편이라 개인적으로는 될 수 있으면 사지 않는다. 그런데도 살 때가 있는데 향후 농업진흥구역에서 해제될 가능성이 매우 큰 곳인 경우다. 이 경우, 매입가 산정은 앞에 말한 대로 '대지 시세×30%'를 적용해 싼지, 비싼지를 판단한다.

이번에는 농업진흥지역 외 농지(상대 농지)를 예를 들어보자. 인근 대지 시세가 ㎡당 100만 원인데 농지가 ㎡당 40만 원에 나온 경우, 상대 농지의 적정 가격은 ㎡당 60만 원으로 약 33% 저평가되었다고 볼 수 있다. 상대 농지가 ㎡당 70만 원에 매물이 나와 있다면 16% 정도 고평가되었다고 볼 수 있다. 이런 방법으로 농지의 가격 가치를 산정해 투자 여부를 결정하면 훨씬 쉽게 접근할 수 있다.

원하는 행위가 가능하면
굳이 비싼 땅을
살 필요가 없다

　예를 들어, 여러분이 5억 원의 예산을 들여 전원주택을 지으려고 한다. 예상되는 건축비는 2억 원일 때, '5억 원 = 건축비 2억 원 + 토지 매입비 + 수익'이 된다. 토지를 2억 원에 매입하면 수익은 1억 원이 되고, 토지를 1억 원에 매입하면 수익은 2억 원이 된다. 농업진흥구역은 농업인 주택을 지을 수 있으니 제외하고, 농업보호구역은 일반 단독주택도 가능하므로 가능성이 크다. 또한 농업보호구역은 자연경관이 좋은 곳이 대부분이어서 전원주택의 콘셉트와도 잘 맞는다. 참고로, 전원주택은 조망권이 나오며 자연경관을 느낄 수 있는 곳, 도심과의 거리가 가까운 곳(도심에서 30분~1시간 이내가 적당)이 승부처다.

　만약 200평의 땅을 구입하는데 농업보호구역이 평당 40만 원, 농업진흥지역 외 농지(상대 농지)가 평당 60만 원이라고 보자. 농업보호구역

원, 상대 농지는 1억 2,000만 원의 토지 매입 비용이 소요되니 이런 경우는 굳이 상대 농지를 구입할 필요가 없다. 원하는 단독주택은 농업보호구역에도 가능하기 때문이다. 어차피 5억 원으로, 팔아야 하는 전원주택 가격이 정해져 있는 입장에서는 어떻게든 저렴하게 토지를 확보하는 게 수익을 극대화하는 방법이다. 따라서 원하는 행위가 이미 정해져 있는 경우, 그 행위가 가능한 농지를 싸게 사는 게 관건이지, 굳이 이것저것 다른 행위까지 할 수 있는 땅을 비싼 가격을 주고 사봤자 무용지물이다. 이는 전화 통화와 문자 기능만 원하는 사람이 굳이 100만 원이 넘는 휴대전화를 살 이유가 없는 경우와 같다.

환골탈태,
팔자가 바뀌는
농지가 있다

학창 시절, 뚱뚱하고 매우 못생겼던 친구가 성인이 된 후 다이어트를 하고 성형수술을 통해 전혀 다른 사람으로 바뀌어 몰라보는 경우가 있다. 바뀐 외모를 무기로 능력 있는 배우자를 만나 인생이 역전되기도 한다.

이렇듯 환골탈태(換骨奪胎)하는 경우는 사람뿐만 아니라 토지도 가능하다. 그 대표적인 것이 현재는 농업진흥지역임에도 훗날 농업진흥지역이 아닌 땅으로 바뀌는 경우다. 이런 일이 일어날 수 있던 배경에는 농업진흥지역 해제 기준에 부합했기 때문이다. 따라서 투자자인 우리는 이 기준에 맞는 농지를 찾아 투자해놓으면 수익의 극대화를 누릴 수 있다.

농업진흥지역 해제 기준

① 도로·철도 개설 등 여건 변화에 따라 3ha(30,000㎡ = 9,075평) 이하로 남은 자투리 지역
② 주변이 개발되는 등의 사유로 3ha 이하로 단독으로 남은 농업진흥구역(실무에서 가장 유력하게 찾을 수 있음)
③ 도시지역(녹지지역) 내 경지 정리되지 않은 농업진흥구역
④ 농업진흥지역과 자연취락지구가 중복된 지역
⑤ 농업진흥구역 내 지정 당시부터 현재까지 비농지인 토지 중 지목이 염전, 잡종지, 임야, 학교용지, 주차장, 주유소, 창고용지인 토지

농업진흥구역 → 농업보호구역 변경기준

① 도로·철도 개설 등 여건 변화에 따라 3~5ha 이하로 남은 자투리지역
② 경지 정리 사이 또는 외곽의 5ha(50,000㎡ = 15,125평) 이하의 미경지 정리 지역
③ 주변 개발 등으로 단독으로 3~5ha 이하로 남은 지역

따라서 개발 여파가 좋은 지역의 3ha(30,000㎡) 이하의 농업진흥구역이라면 장기 투자해볼 만하다. 경매·공매로 낙찰받으면 더욱 저렴하게 취득할 수 있을 것이다. 농업진흥지역이라 관심을 갖는 사람들이 적어 입찰자 수가 많지 않을 것이기 때문이다. 낙찰받아 보유하고 있다가 개발 여파에 따라 훗날 홀로 농업진흥구역으로 남게 되면 해제 조건이 되기 때문에 수익을 얻을 수 있다.

앞서 농지에 따른 적정 시세를 알아봤듯, 농업진흥구역과 농업진흥지역 외 농지(상대 농지)는 두 배의 가격 차이가 나므로, 농업진흥지역에서 해제되어 상대 농지가 되면 최소 두 배의 시세 차익을 얻을 수 있

다. 더군다나 애초에 경매·공매를 통해 저렴하게 취득했다면 수익은 더욱 클 것이다. 다만 아무리 개발 여파가 좋더라도 농업진흥구역이 5ha(50,000㎡)가 넘으면 신중해야 한다. 훗날 아무리 홀로 농업진흥구역으로 남더라도 기준 면적을 초과해 농업보호구역으로도 해제되기 어렵기 때문이다.

PART
5

전 국토의 65%인 산지, 투자의 보물이다

제대로 투자하면
큰돈 되는 산지

　산지(임야)는 우리나라 전 국토의 65%를 차지하고 있다. 산지는 다른 토지에 비해 가격이 저렴하고, 농지에 비해 1/2 가격에 형성되는 곳도 많으므로 제대로 투자하면 가장 큰 수익을 얻을 수 있다. 다만, 모든 산지는 개발 시 개발행위허가를 받아야 하므로 조건에 부합하는지 알아봐야 한다. 또한, 산지의 종류에 따라 강력한 규제를 받는 산지가 있고, 그렇지 않은 산지가 있으니 이를 구분할 수 있어야 투자에 차질이 발생하지 않는다.

산지의 종류

　산지는 보전산지(공익용산지, 임업용산지), 준보전산지로 나뉘는데, 이는 토지이용계획서에 표기되어 있다.

- **보전산지** : 전체 산지를 100으로 봤을 때 보전산지가 차지하는 비중은 77% 정도다. 보전산지는 공익용산지와 임업용산지로 구분된다.

① 공익용산지 : 재해 방지, 자연보전 등의 공익 기능을 위한 산지다. 투자 목적으로는 매우 좋지 않으니 투자하지 말길 바란다(개발×).

공익용산지가 표기된 토지이용계획서(예시)

② 임업용산지 : 임업 생산 기능의 증진을 위한 산지다. 역시 행위 제한이 강해 투자에 신중하길 바란다. 농지인 경우 농업보호구역에서는 일반 단독주택 건축이 가능했지만, 임업용산지는 임업인주택은 가능해도 일반 주택은 건축하지 못한다(개발△).

임업용산지가 표기된 토지이용계획서(예시)

■ **준보전산지** : 행위 제한이 비교적 덜 규제되므로 산지 투자는 준보전산지 위주로 검토하는 게 좋다(개발○).

준보전산지가 표기된 토지이용계획서(예시)

경사가 가파르면
개발이 되지 않는다

준보전산지라고 해서 모두 개발이 되는 것은 아니다. 개발하려면 반드시 건축법상 도로를 갖춰야 하며 경사가 완만해야 한다. 산지는 특성상 평평하지 않고 경사가 있을 수밖에 없는데 경사가 가파른 토지는 개발이 어렵다. 산사태 및 낙석 위험, 토사 유출 등으로 건축물의 안전을 장담할 수 없기 때문이다.

산지관리법상 개발 대상 임야는 평균 경사도가 25도까지만 개발인허가가 가능하다. 하지만 지자체 조례에서는 이 조건을 더욱 강화해 21도, 20도, 15도 등으로 더 엄격한 기준을 적용하는 곳도 많다. 따라서 최종적으로 해당 지역의 조례까지 검토해야 한다. 참고로 부산은 16.7도를 넘으면 개발행위허가를 해주지 않는다(예외적으로 스키장, 광·채석장은 35도, 골프장은 25도 이하 개발 허가). 그러므로 산지를 구입할 때는 반드시 경사도를 체크해야 한다. 참고로 지자체별로 임야 경사도 규정이 다른 이유는 우리나라의 동고서저 지형과 관련이 깊다. 산이 많은 동쪽 지형은 경사도에 좀 더 유연한 반면, 산이 적은 지형은 경사도를 더 엄격하게 적용하고 있다. 그래야 후손에 물려줄 산지를 보전할 수 있기 때문이다.

경사도, 어떻게 알 수 있을까?

경사도를 산정하는 방법으로는 실측 또는 수치지형도를 이용하는 경우로 나눌 수 있다. 실측은 측량도면을 바탕으로 2~3개소의 경사를 측정해 평균값을 산정한다. 수치지형도는 국토지리정보원에서 발급한 1/5,000 지형도의 수치전산 파일을 이용해 분석하는 방법이다. 다만, 일반인이 이런 방법으로 경사도를 알기는 조금 어렵다. 따라서 쉬운 방법으로 경사도를 알아보자.

먼저 맞춤형산림정보서비스(임업정보다드림, gis.kofpi.or.kr) 홈페이지에 접속한 후, '필지별 산림정보서비스'를 클릭한다. 그 후 해당 필지의 주소를 입력한 후 검색 버튼을 누르면 임업 정보가 나오는데, 이곳에서 경사도를 알 수 있다.

맞춤형산림정보서비스(임업정보다드림) 홈페이지

해당 필지의 주소를 입력한다

적정재배품목	구분		임산물	
	구분			
	가능 구기자			
산림청정도			청정도분포	추가수종
			VII등급(낮음)	
적정조림수종	대표수종			
	편백나무, 상수리나무, 삼나무		소나무, 백합나무, 포플러	
임지생산능력			급지분포	
			III등급(중)	
지형정보	표고(m)	방위	경사도(°)	
	0~100	남서	15~20도	
나무정보	수종	나무지름(cm)	나무나이(년)	울폐도(%)
	죽림	6미만	0~10	50 이하
토양정보		토양깊이(cm)	토성	
		중(30~60)	양토	

해당 필지의 임업 정보 중 경사도를 볼 수 있다(예시)

　조회 결과, 해당 필지의 경사도는 15~20도임을 알 수 있다. 물론 가장 정확한 사항은 건축설계사무소에 의뢰하면 되지만, 매번 의뢰하기 곤란하므로 우선 일차적으로 이 사이트에서 확인하는 습관을 들이면 좋다.

나무가 울창하면
개발이 어렵다

　숲속의 울창한 나무는 좋은 공기를 제공해 기분을 상쾌하게 해줘 도시의 공기와는 차원이 다름을 느낄 수 있다. 그래서 사람들이 건강을 위해 산을 많이 찾는다. 하지만 나무가 듬성듬성하고 몇 그루밖에 심어져 있지 않다면 맑은 공기를 기대하기 어렵고 황폐해 보이기까지 할 것이다. 그래서 여러분의 눈에 좋아 보이는 산은 숲이 우거져 있고 울창한 나무가 있는 곳이다. 하지만 어느 시각으로 보느냐에 따라 좋은 산의 기준이 달라진다. 여러분이 건강을 위해 산을 찾는다면 숲이 울창한 곳을 찾을 것이다. 하지만 산을 개발해 전원주택, 펜션, 근린생활시설(카페, 음식점 등)을 짓는다면 숲이 울창하고 보존가치가 높은 산지는 피하는 것이 좋다.

　대다수 산(지목 '임야')은 산지관리법의 적용을 받는다. 산지관리법의 원칙은 후대를 위해 산을 보전하는 것이다. 하지만 보존만이 능사는 아니기에 일부 조건에 맞는 산은 개발(산지 전용)할 수 있도록 허가해주는 것이다. 이때, 개발허가를 해주는 곳은 산림을 보존할 가치가 낮은 곳이다. 즉, 숲이 울창한 곳은 보존할 가치가 높기에 산지 전용허가를 내주지 않는다. 이를 좀 더 구체적으로 말하면 전용하려는 산지의 ha(10,000㎡)당 입목축척이 관할 시·군·구의 ha당 입목축적의 150% 이하여야 한다. 즉, 관할 평균보다 나무가 울창하게 많이 심겨 있으면 개발이 어렵다는 뜻이다. 또한, 전용하려는 산지 안에 생육하고 있는 50년생 이상인 활엽수림의 비율이 50% 이하여야 한다(자세한 산지 전용허가 기준은 산지관리법시행령 별표 참조). 활엽수림의 비율이 높은 곳의 개발허가를 해주지 않는 이유는 활엽수는 침엽수림보다 뿌리가 깊어 산사태의 위험을 방지하고 잎이 넓어 홍수를 막기에도 유리하기 때문이다. 또한, 활엽수림은 야생 동식물의 먹이가 되는 열매를 맺어 생태계 보호에 유용하며, 탄소흡수량이 높아 공기를 정화시킨다.

  50년생 이상인 활엽수림의 비율이 50%를 초과하는 경우, 개발이 안 되는 경우가 많다. 이런 경우 침엽수림을 심어 활엽수림 비중을 낮추는 방법이 있고, 산불로 인해 활엽수림이 소실된 경우 개발이 가능한 땅으로 변신할 수도 있다(다만 입목축척의 경우 산불로 인해 산림 면적이 줄었어도 5년 동안은 산불 발생 이전의 축척을 인용한다). 입목축척을 알기 위해서는 토목설계사무소에 의뢰하는 게 가장 정확하지만, 우선 서류를 통해 짐작할 수 있는 방법이 있다. 앞서 맞춤형산림정보서비스(임업정보다드림) 홈페이지에서 해당 필지를 입력하면 산림정보를 알 수 있다고 말했는데, 여기에 울폐도가 표시되어 있다.

적정조림수종	대표수종		추가수종
	-		굴참나무, 소나무
임지생산능력	급지분포		
	Ⅱ급지(상), Ⅲ급지(중)		
지형정보	표고(m)	방위	경사도(°)
	200~300	남동	10~15도
나무정보	수종 / 나무지름(cm) / 나무나이(년)		울폐도(%)
	곰솔 / 6~18 / 11~20		71이상
토양정보	토양깊이(cm)		토성
	중(30~60)		미사질양토
산사태정보	위험등급		
	1, 2, 3, 4, 5		
기후정보	연평균기온(℃)		연평균강수량(mm)
	14~15		1400~1500
산림사업분석	숲가꾸기		수확벌채
	-		가능지(곰솔)

울폐도 71% 이상이 표기되어 매우 울창함을 알 수 있다(예시)

울폐도란 울창한 정도를 말하는 것으로, 산 안에서 하늘을 바라보았을 때 하늘이 보이냐, 안 보이냐로 쉽게 구분할 수 있다. 이 수치가 높을수록 산림이 울창하다는 뜻이며 입목축적 또한 높을 것이므로 개발이 어려운 경우가 많다. 따라서 임야를 매입하기 전 울폐도를 점검하는 것은 필수다.

Plus tip! 입목축척 vs 입목본수도

임야 개발 공부를 하다 보면 입목축척과 비슷한 말로 입목본수도라는 단어를 많이 보게 된다. 이 둘은 어떻게 다른지 알아보자.

- **입목축척**(산지 전용심사 기준) : 어느 개발대상 토지의 수목 울창도를 그 지역이 속한 다른 지역과 수평적 지역으로 비교하는 것
- **입목본수도**(개발행위허가 기준) : 대상지역의 현재 생육 상태를 미리 산정되어 있는 미래 성장할 표준 울창도와의 시간적으로 비교하는 것

즉, 임야를 개발할 때는 산지 전용심사를 받으므로 입목축척을, 임야가 아닌 다른 지목의 토지인 곳에 건축하려면 개발행위허가를 받아야 하므로 입목본수도 측정을 하게 된다. 입목본수도는 정상적인 경우에 1ha에 몇 그루의 수목이 자라는지를 기준으로, 현재 자라고 있는 수목의 그루 수를 백분율로 나타내는 방법이다.

입목본수도 = (대상지 현재 생육본수 ÷ 대상지 정상 입목본수) × 100

즉, 이는 해당 면적 안에 있는 수목의 직경에 따라 몇 그루 이하여야 개발이 가능한지를 나타내는 척도다.

임야를 다른 목적으로
사용하려면
비용을 내야 한다

임야를 개발해 지은 전원주택 및 펜션(예시)

 임야를 개발하면 전원주택, 펜션 등 다양한 건축물을 지을 수 있다. 특히 임야는 지가가 저렴하고 수려한 자연경관을 덤으로 얻는 셈이어서 개발을 하면 더욱 저렴한 가격에 원하는 건축물을 지을 수 있다. 다만, 앞서 농지를 다른 목적으로 사용하려면 농지전용부담금을 납부해야 한다고 말했듯, 산지도 이와 마찬가지인데 이를 대체산림자원 조성비라고 한다.

대체산림자원 조성비 = 산지 전용 면적×(단위면적당 금액+해당 산지 개별공시지가의 10/1000)

단위면적당 금액(2020년 기준)
- 준보전산지 : 6,860원/㎡
- 보전산지 : 8,910원/㎡
- 산지 전용·일시사용제한지역 : 13,720원/㎡

(개별공시지가의 10/1000에 해당하는 금액은 최대 6,860원/㎡으로 한정)

    예를 들어 전용하려는 해당 임야의 면적이 630㎡이고, 개별공시지가가 12,000원의 준보전산지라면 대체산림자원 조성비는 약 440만 원가량 나온다[630㎡×(6,860원+120원)]. 보통 필지 가격이 비싼 순서를 보면 대지 가격 > 농지 > 임야순이다. 따라서 임야는 농지보다 저렴하면서 농지 개발 시 소요되는 농지전용부담금보다 대체산림자원 조성비가 더 낮아 개발이 되는 땅이라면 농지보다 임야가 수익이 더 높다.

성공하는
임야 투자법

"어떤 임야에 투자해야 좋아요?"

실무에서 이런 질문을 많이 받는다. 토지는 필지별로 개별 특성이 강하니 어느 하나만 보고 어떤 임야가 좋다, 나쁘다고 말하기 어렵지만, 다음 사례와 같은 방법으로 접근하면 임야 투자에 많은 도움이 될 것이다.

한 임야가 매물이 나왔다. 해당 임야는 520㎡(약 157평)로 면적이 적당하다. 참고로 660㎡ 이상의 임야 개발 시 개발부담금이 부과되므로 그 미만의 면적을 거래하면 부담이 적다. 임야의 토지이용계획서를 보니 제1종일반주거지역이면서 준보전산지라 좋다.

지도상의 임야 모습

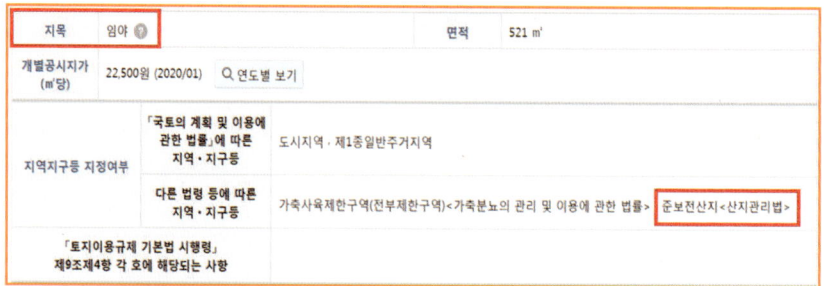

해당 필지의 토지이용계획서

해당 임야의 모습

지목이 임야지만 실제 보면 거의 평지나 다름없어 경사도 문제도 없다. 또한, 지상의 나무는 벌목작업만 하면 될 것이다. 자고로 투자할 때는 향후 가격이 올라주느냐가 관건인데, 이 토지의 위치는 새만금 개발지 인근에 위치해 있다.

새만금 개발지 인근에 위치한 대상 토지

따라서 새만금 개발이 진행될수록 토지의 가치도 오를 것이다. 다만 필지의 지번은 리 지역(○○면 ○○리 ○○번지)이지만, 제1종일반주거지역이므로 용도지역상 도시지역이다. 도시지역에서 건축하려면 건축법상 도로인 너비 4m 이상의 도로에 2m 이상 접해야 한다. 해당 임야는 현황도로에 접해 있으므로 도로요건을 갖추지 않는 이상 당장 개발은 어렵다. 따라서 장기적인 관점에서 저렴한 가격에 투자용으로 사두기에 좋은 땅이라 볼 수 있다.

PART
6

토지 투자, 반드시 도로를 염두에 두자

도로가 있어야
토지의 가치가 높다

　토지는 그 자체만으로는 가치가 낮지만, 지상에 건물을 지음으로써 가치가 높아진다. 따라서 어떤 건물을 얼마의 크기로 지을 수 있느냐에 따라 토지의 가치가 달라지는데, 이를 용도지역이라고 한다. 하지만 아무리 용도지역이 좋아도 도로가 없다면 무용지물이다. 도로가 갖춰져야 건축허가를 받을 수 있기 때문이다. 이때 말하는 도로는 단순히 차가 다니는 도로 또는 포장되어 있는 도로를 말하는 것이 아닌, 건축법에서 지정한 도로를 말하며 이를 '건축법상 도로'라고 칭한다. 따라서 여러분이 토지 투자를 할 때, 어떤 용도지역인지, 건축법상 도로를 갖췄는지를 따져봐야 한다.

건축법상 도로

보행과 자동차 통행이 가능한 너비 4m 이상의 도로나 예정도로를 말한다. 건축법에서는 건축물의 출입을 위해, 건축물의 건축 시 해당 대지의 2m 이상이 도로에 접하도록 규정하고 있다(연면적의 합계가 2,000㎡ 이상인 건축물의 대지는 너비 6m 이상의 도로에 4m 이상 접해야 함).

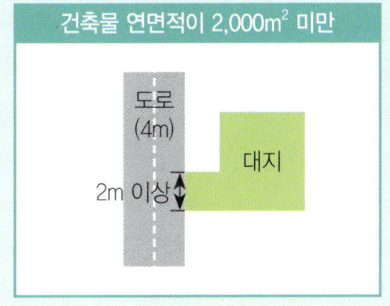
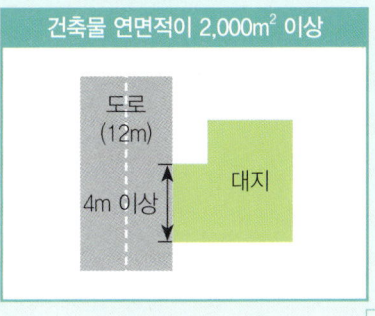

따라서 땅만 보고 서둘러 계약을 하다간 도로가 없는 맹지인 땅을 사는 꼴이 될 수 있다. 이렇게 산 땅에 농작물을 심는다면 도로가 없어도 문제가 되지 않지만, 이런 목적으로 토지를 구입하는 사람은 적다. 단독주택, 근린생활시설, 공장 등 목적에 맞게 원하는 시설을 지을 수 있어야만 토지의 가치가 높아지므로 어떻게든 건축법상 도로를 확보하는 게 관건이다.

이미 도로에 접하고 있던 토지라 건축법상 도로가 확보되었다면 모를까, 그렇지 않은 경우에는 토지를 매입하기 전, 도로 문제를 어떻게 해결할 것인가를 먼저 고민해야 한다. 해결방법으론 해당 토지로 진입하는 토지를 먼저 사놓는 방법, 도로로 사용할 토지의 소유자에게 토지 사용 승낙서를 받는 방법, 도로로 사용할 토지와 해당 토지의 일부분을 교환하는 방법 등이 있다. 이렇듯, 도로부지를 먼저 확보해놓고 해당 토지를 매입해야지, 토지부터 매입하다가는 상대방이 도로 부지로 사용할 토지를 순순히 내놓진 않을 것이다. 해당 도로가 없어 아무짝에도 쓸모없는 토지란 게 알려지면 협상의 우위를 점할 수 없어 더 많은 비용을 들여 도로를 확보해야 하는 사태가 올 수 있다. 실제 일부 필지는 토지 매입가보다 도로부지 매입가가 더 비싼 경우도 봤다.

그러므로 '토지 = 도로 확인'이란 생각을 마음속에 새겨 어느 토지를 보든 도로 생각이 떠올라야 한다. 다만, 도로와 다른 시설의 연결규정에 위배되는 구간은 도로점용허가를 받을 수 없어 주의해야 한다. 더불어 도로가 없더라도 주변에 구거(도랑)가 있는 경우, 구거점용허가를 받아 진입로로 사용할 수 있으므로 구거와 접했는지도 알아보는 게 좋다.

Plus tip! 도로너비 기준이 4m인 이유

건축법상 도로는 보행과 자동차 통행이 가능해야 한다. 보행의 기준은 두 사람이다. 그래야 오가는 사람이 부딪치지 않기 때문이다. 남자 성인 어깨너비가 50~60cm, 양손에 물건을 들었을 경우를 감안해 1m를 기준으로 삼는다. 보행은 두 사람이 기준이니 2m가 된다. 차량은 우리나라에서 가장 많은 차종인 승용차를 기준으로 삼는다. 승용차 중에서 폭이 가장 넓은 차가 약 1.9m이기에 승용차 기준을 2m로 삼은 것이다. 따라서 도로는 보행과 자동차 통행이 가능해야 하므로 최소한의 폭이 4m가 되었다. 또한, 자동차가 건축물로 들어가야 하므로 건축물의 대지는 도로에 2m를 접해야 한다는 규정이 된 것이다.

좁은 도로에 따른
토지 투자 방법

　앞서 말했듯 4m 이상의 도로에 2m 이상 접해야 건축이 가능하다(예외 : 비도시지역의 면 이하 리 지역은 현황도로도 가능). 따라서 도로에 접한 토지라고 무조건 안심할 게 아닌, 도로의 너비 및 접한 길이를 염두에 둬야 한다.

　다만 막다른 도로(끝이 막혀 있는 도로)의 경우, 해당 필지가 4m 도로 요건에 부합하지 않더라도 일정 너비조건에 부합하면 건축이 가능하다.

막다른 도로 건축법

막다른 도로의 길이	도로의 너비
10m 미만	2m
10m 이상 35m 미만	3m
35m 이상	6m (도시지역이 아닌 읍·면 지역은 4m)

※ 막다른 도로의 길이 산정 : 통과도로에서부터 막다른 도로 끝부분까지의 도로 중심선 길이로 산정

※ 막다른 도로 길이가 35m 이상인 경우, 도로너비가 6m인 이유는 차량이 진입한 후 통과하지 못하고 되돌아 나와야 하므로 좀 더 넓은 폭을 요구함.

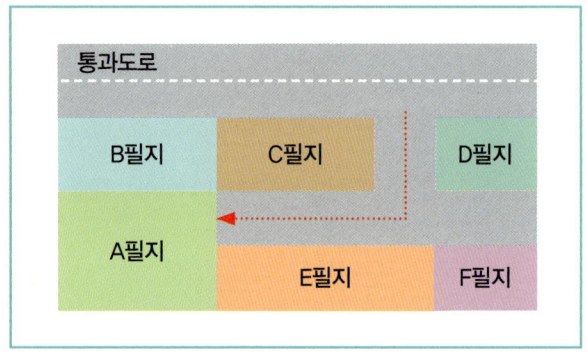

 예를 들어, 그림과 같이 A필지가 있는 경우 막다른 도로 규정을 적용할 수 있다. 따라서 막다른 도로 길이가 10m 이하인 경우 2m, 10~35m 이하인 경우 3m의 기준에 부합하면, 건축이 가능하다. 다만 막다른 도로의 길이가 35m를 초과하는 경우 6m의 도로요건에 부합해야 하므로 도로가 좁은 경우 건축이 어려울 수도 있다(타 필지의 건축선을 후퇴해 건축을 해야 한다).

더불어 용도지역이 상향되는 것은 반길 일이지만, 도로요건에서 불리하게 작용하는 경우가 있다. 너비 4m, 길이 37m 막다른 도로에 접해 있는 계획관리지역(면 지역)은 도로요건에 부합해 개발할 수 있지만, 이곳이 자연녹지지역으로 승격되면 도시지역이 되면서 도로너비 6m 규정에 부합해야 하니 건축이 어려운 땅으로 바뀔 수도 있다. 따라서 개발 압력이 높은 곳은 미리 건축허가를 받아놓는 것도 유용한 방법이다(토지를 팔 때는 건축주 명의 변경을 하면 됨).

건축선 후퇴 건축법

일반적으로 도로의 너비는 최소 4m 이상이어야 한다. 이때 만약 도로너비가 부족한 경우, 건축선을 후퇴하면 건축허가가 가능하다. 건축선이란 건축물을 건축할 수 있는 선으로 보통 도로경계선이 건축선이다. 다만, 도로너비 확보를 위해 지정하는 건축선은 현재의 도로 중심선을 기준으로 필요한 도로너비의 1/2에 해당하는 수평거리만큼 후퇴한다. 한 면이 경사지, 철도, 하천 등으로 후퇴하지 못하는 경우 도로

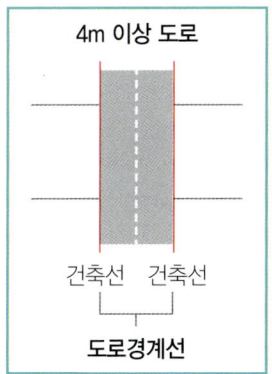
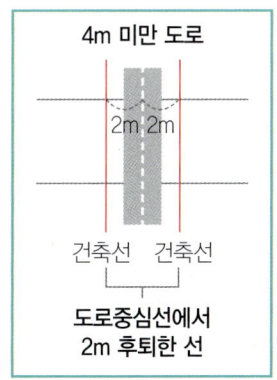
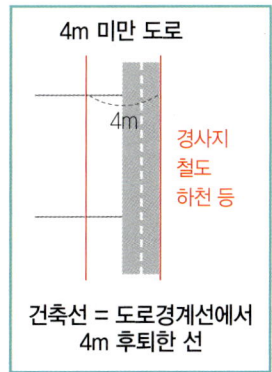

경계선에서 4m를 후퇴한 선이 건축선이 된다.

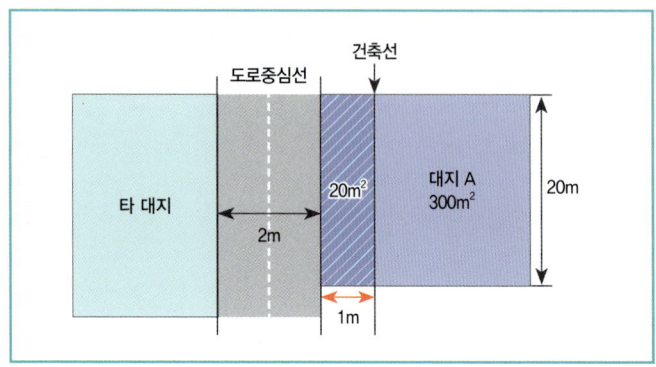

그림과 같이 면적이 300㎡이고, 도로에 접한 대지의 길이가 20m인 A 필지가 있을 때, 2m 도로에 접한 만큼 부족한 도로너비를 확보하기 위해 1m만큼 건축선을 후퇴해야 한다. 따라서 20㎡(20m×1m)만큼의 대지 면적을 도로로 내줘야 한다. 만약 용적률이 250%인 지역이라면 용적률을 모두 사용한 면적은 750㎡가 아닌 700㎡(280㎡×250%)가 된다. 따라서 도로가 좁은 경우에도 건축할 수 있는 방법이 있는 만큼 좁은 도로에 붙은 필지라고 무조건 거부할 것은 아니지만, 건축선 후퇴만큼 용적률을 손해 보는 만큼 애초에 수익성 산정에 실수가 없어야 한다. 또한, 좁고 긴 모양의 필지인 경우 건축선을 후퇴하면 남은 면적이 얼마 되지 않아 전혀 건축할 수 없는 경우도 발생하기에 매입 전, 꼼꼼한 점검은 필수다. 참고로 건축선으로 후퇴한 대지는 자신의 소유라 해도 건축물이나 담장을 축조할 수 없다(92다33978, 2015누54911 판결).

교차도로 땅은 가각전제를 염두에 두자

가각전제란, 도로가 서로 만날 때 가각의 꼭지점으로부터 일정한 길이를 후퇴해서 건축선을 자르는 것을 말한다. 즉 가각이 교차되는 부분의 시야 확보와 원활한 도로교통을 위해 도로의 교차각과 폭을 조정하는 것이다. 건축선을 자르는 길이는 교차도로의 내각과 너비에 따라 다르다. 가각전제로 잘리는 부분은 대지 면적에서 제외되므로 토지 매입비 대비 수익성 계산에 착오가 없어야 한다(가각전제 수치를 굳이 외울 필요는 없다. 교차도로 땅은 건축 시 잘려나가는 부분이 있다는 정도만 숙지한 후 구체적인 계산은 실제 필지를 놓고 해봐도 무방하다).

도로의 교차각	도로의 넓이		교차되는 도로의 너비
	4m 이상 6m 미만	6m 이상 8m 미만	
90° 미만	2m	3m	4m 이상 6m 미만
	3m	4m	6m 이상 8m 미만
90° 이상 120° 미만	2m	2m	4m 이상 6m 미만
	2m	3m	6m 이상 8m 미만

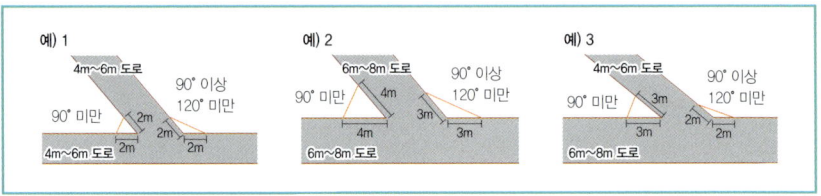

가각전제로 도로가 교차하는 지점의 건축선이 깎여 후퇴한 모습(예시)

전원지역 개발은
현황도로로 가능하다

　건축법의 전면 적용을 받는 지역은 도시지역 및 지구단위계획구역, 동 또는 읍이다(동·읍에 속하는 섬의 경우는 인구가 500인 이상에 한함). 이 지역에서는 건축법상 도로요건을 갖춰야 한다. 하지만 이외의 지역은 도로의 적용 규정 내지 건축선의 적용은 부담이 없다.

　따라서 해당 지역이 용도지역상 비도시지역(관리지역, 농림지역, 자연환경보전지역)이며, 지번설정지역이 면 지역의 리에 해당한다면 현황도로에도 건축물의 건축이 가능하다. 참고로 현황도로란 지적도상에 도로로 표기되어 있지 않지만, 주민이 오랫동안 통행로로 이용하고 있는 사실상의 도로다. 일반적으로 현황도로 소유자와 옆 땅의 소유자가 일치한다.

현황도로 예시

같은 지역인데 다를 수 있다

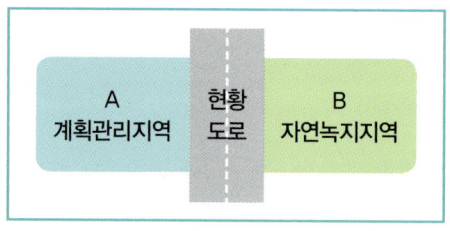

　그림과 같이 현황도로에 접한 A, B 필지가 있다. 이곳은 ○○면 ○○리에 위치한 토지일 때, A필지는 비도시지역(용도지역)이라 현황도로로 개발이 가능하지만, B필지는 도시지역이라 건축법상 도로를 갖춰야 개발이 가능하다. 따라서 이런 경우 A필지가 더 개발하기 좋다. 따라서 토지를 구입할 때 옆 토지에 건물이 지어져 있다고 해당 필지까지 건물을 지을 수 있다고 섣불리 판단하지 말고, 반드시 토지이용계획서상의 용도지역을 확인해야 한다.

현황은 도로가 있지만,
지적도에 도로 표시가 없다?

위성지도 모습

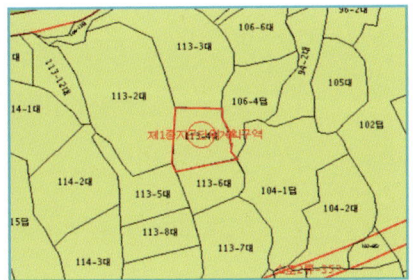
지적도

사진에 보이는 지역은 부산광역시 기장군 ○○읍 ○○리에 위치한 토지다. 위성지도를 보면 해당 필지 옆으로 도로가 보인다. 하지만 지적도를 보면 도로 표시가 없다. 이런 도로를 현황도로라고 하는데, 그렇다면 눈에 보이는 이 도로는 과연 효력이 있을까, 없을까? 해답을 알기 위해 먼저 토지이용계획서를 보자.

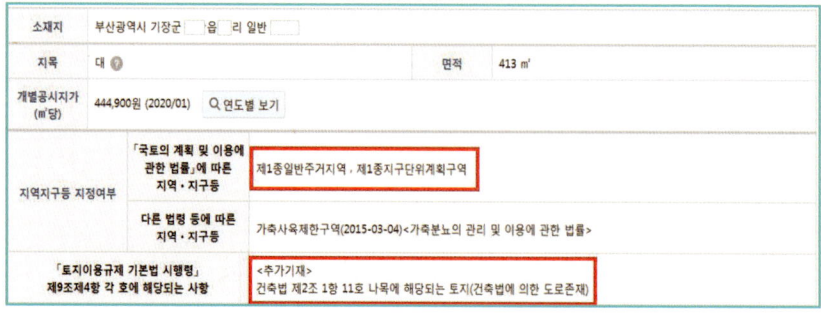

토지이용계획서

　원칙은 읍지역의 도시지역은 건축법의 전면 적용을 받으므로 현황도로로 건축이 어렵다. 하지만 이곳의 토지이용계획서를 보면 도시지역(제1종일반주거지역)이지만 추가기재를 통해 '건축법 제2조 1항 11호 나목에 해당되는 토지(건축법에 의한 도로 존재)'라고 명시되어 있다. 이 말은 건축허가 또는 신고 시에 시·도지사 또는 시장·군수·구청장이 위치를 지정해 공고한 도로임을 말한다. 즉, 이 도로는 지적도상에 도로표기는 되어 있지 않지만, 도로로 공고된 도로이므로 건축법상 도로요건을 갖춰 건축이 가능하다.

　참고로, 이 필지는 토지이용계획서의 추가기재를 통해 건축법상 도로가 존재한다는 것이 적혀 있어 빠르게 알 수 있지만, 대부분 적혀 있지 않은 경우가 많다. 현황은 도로가 있지만, 지적도에는 도로가 없는 경우 지자체 담당자에게 직접 문의하는 게 가장 확실하다. 문의 결과 건축법상 도로요건을 갖췄으면 문제없지만, 그 외의 경우 건축이 가능한지를 적극적으로 문의해야 한다. 지자체에 따라 도로대장에 등재되어 있음을 이유로 또는 5호 이상의 가옥이 이용하는 도로인 이유를 통해 건축허가를 하는 곳도 있기 때문이다. 다만, 지자체마다 업무처리지침이 다를 수 있으니 반드시 해당 지역 담당자에게 직접 문의하는 습관을 들이는 게 가장 좋다.

880만 원 시골 땅에
입찰자 열 명이 몰린 이유

낙찰 결과 내역

토지의 위치 및 주변 전경

전북 부안군에 위치한 농지(지목 전, 계획관리지역)가 경매에 나왔다. 38평의 면적에 감정가는 880만 원이었다. 1차 매각기일에 입찰자가 열 명이 몰려 감정가를 넘는 1,000여만 원에 낙찰이 되었다. 겉으로 보기엔 단지 시골 땅이고, 토지 모양도 길쭉한 삼각형으로 좋지 않은데 1차 매각에 입찰자가 몰린 이유가 뭘까? 바로 뒤 땅의 키를 쥐고 있는 핵심 토지였기 때문이다.

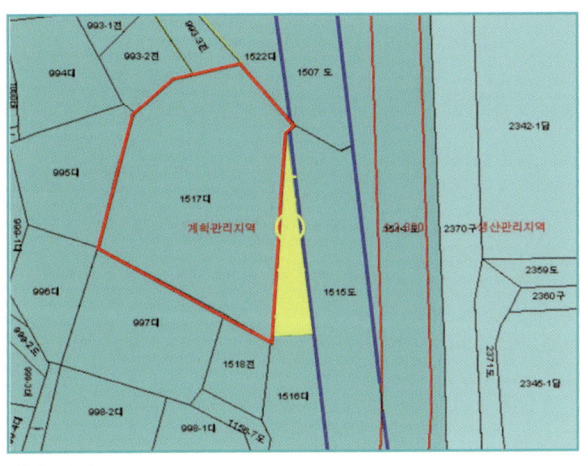

지적도 모습

파란색 줄로 표시한 부분은 도로부지다. 그에 접한 삼각형 모양의 땅(노란색 표시)이 경매가 진행된 필지다. 모양이 길쭉하고 면적이 38평밖에 되지 않아 자체적으로 건축을 하긴 어려울 수 있다. 하지만 이 땅 뒤에 접한 다른 필지(빨간색 표시)를 보자. 뒤 땅의 면적은 330평인데 앞 땅에 가려 도로에 접하지 못한 맹지가 되었다. 참고로, 도로에 접한 땅에 비해 맹지는 반값에 시세가 형성되며 그마저도 거래가 쉽지 않아 환금성이 떨어진다. 도로를 확보하지 않는 이상 건축 자체가 불가능하기 때문이다. 따라서 뒤 땅에 건축하려면 반드시 앞 땅이 필요하다. 지금이야 건축하지 않고 둬도 별문제가 없겠지만, 이곳이 새만금 개발지 인근인 만큼 개발 여파가 몰려오면 이 땅은 개발하려고 노력할 것이다. 그렇게 되면 맹지 탈출을 위해 앞 땅을 사야만 하는 만큼 앞 땅 소유자는 가만히 앉아서 수익을 보면 된다. 1,000여만 원의 낙찰가이니 투자 목적으로 장기보유해도 별 부담이 없을 것이다.

더불어 직접 개발할 목적으로 앞 땅을 낙찰받을 수도 있다. 이러면 뒤 땅은 맹지가 되어 훨씬 저렴하게 매입할 수 있고, 이렇게 뒤 땅을 매입한 후 합필하면 전체 면적인 368평(앞 땅 38평 + 뒤 땅 330평)이 도로에 접한 토지가 되어 가치가 매우 상승한다. 이 또한 토지 고수들이 잘 사용하는 방법이다. 결과적으로 도로에 접한 자투리땅은 소액으로 투자하기에 부담이 없으며 뒤 땅의 운명을 좌지우지할 수 있는 키를 쥐고 있는 만큼 여러모로 수익성이 좋은 땅이니 눈여겨보면 좋다.

500만 원짜리 시골 땅이
3,000만 원에 낙찰된 이유

소재지	전라북도 부안군 하서면			
물건종별	대지	감정가	5,180,000원	
토지면적	100㎡(30.25평)	최저가	(100%) 5,180,000원	
건물면적	건물은 매각제외	보증금	(10%) 520,000원	
매각물건	토지만 매각	소유자	양	
개시결정	2016-11-16	채무자	양	
사건명	강제경매	채권자		

구분	입찰기일	최저매각가격	결과
1차	2017-06-12	5,180,000원	
	낙찰: 30,000,000원 (579.15%)		
	(입찰5명, 낙찰:운)		
매각결정기일 : 2017.06.19 - 매각허가결정			
대금지급기한 : 2017.07.18			
대금납부 2017.07.18 / 배당기일 2017.08.17			
배당종결 2017.08.17			

낙찰 결과 내역

    전북 부안에 위치한 땅 30평(지목 대, 계획관리지역, 자연취락지구)가 경매에 나왔다. 감정가 500만 원인 땅이 1차에서 다섯 명의 입찰 경쟁 속에 3,000만 원에 낙찰되었는데, 그 연유가 뭘까? 바로 다른 땅들을 맹지로 만드는 위력이 있기 때문이다.

경매 진행된 필지 모양

사진에서 보듯, 경매 진행된 필지는 도로를 삼면으로 둘러싸고 있다. 해당 지역이 새만금 개발지 인근임을 감안하면 훗날 개발 여파가 몰려올 곳이다. 또한, 현재 용도지역이 계획관리지역, 자연취락지구임을 감안하면 건폐율에서도 이익을 볼 수 있다. 일반적으로 계획관리지역은 건폐율이 40%지만, 자연취락지구에서는 60%까지 가능함을 감안하면 매우 가치가 높은 땅이 된다. 다만, 아무리 개발을 하려고 해도 먼저 도로요건이 부합해야 한다. 비도시지역의 면 이하 리 지역에서는 현황도로로 개발이 되지만, 경매 나온 필지가 도로 삼면을 둘러쌓고 있어 나머지 필지는 맹지가 된다. 즉, 삼면이 도로에 접한 해당 땅을 낙찰받는 순간, 나머지 필지의 소유자가 건축 행위를 하려고 할 때 반드시 도로부지를 확보해야 하는 만큼 좋은 수익을 보고 팔 수 있다. 필자도 이런 이유에서 이 땅의 가치를 높이 보고 감정가의 1.5배 정도를 쓰면 좋겠다고 주변에 권했는데, 실제 결과는 다섯 배가 넘는 가격에 낙찰되어 놀랐던 기억이 있다.

결과적으로 도로를 확보하지 못한 땅은 가치가 낮을 수밖에 없다. 토지 면적이 좁고 모양이 예쁘지 않아도 도로에 접해 있으면 얼마든지 뒤땅 소유자들을 통해 좋은 수익을 볼 수 있다. 그러므로 땅 자체만을 보고 섣불리 구입해서는 안 된다. 토지에 있어 중요한 점 두 가지를 꼽으라면 첫째로 용도지역이며, 둘째는 도로다. 그만큼 중요하기에 땅을 사기 전 반드시 도로 대책을 세워놔야 실수가 없다. 그렇지 않으면 아무리 땅을 싸게 샀어도 도로 부지를 더 비싸게 사야 해서 배보다 배꼽이 큰 경우가 생긴다.

Plus tip! 취락지구란?

주거, 상업, 공업지역을 제외한 그 외 지역의 취락을 정비하기 위해 지정하는 용도지구의 하나다. 취락지구의 종류에는 자연취락지구와 집단취락지구가 있다.

- 자연취락지구 : 녹지, 관리, 농림, 자연환경보전지역 안의 취락을 정비하기 위해 필요한 지구
- 집단취락지구 : 개발제한구역 안의 취락을 정비하기 위해 필요한 지구

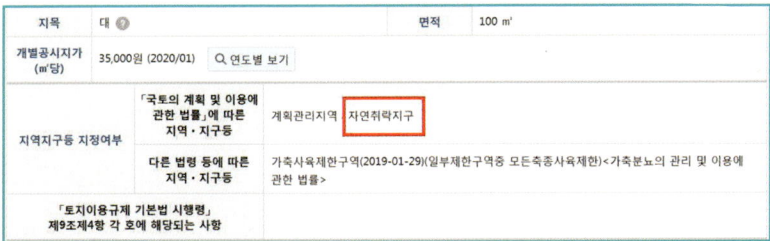

토지이용계획서에 표기된 자연취락지구 (예시)

취락지구로 지정된 지역에는 해당 용도지역 및 용도구역에서의 규제보다 완화된 건축제한과 건폐율을 적용받게 되어 유리하다. 예를 들어 자연녹지지역의 건폐율은 20%지만, 자연취락지구라면 60%가 되어 40%나 이익을 볼 수 있다. 계획관리지역의 건폐율은 40%지만, 자연취락지구라면 60%가 되어 이익이다. 특히 1층을 근린생활시설(상가)로 사용하는 경우 1층 면적은 전체 수익성에 큰 영향을 끼치는데, 취락지구는 주민의 생활편익과 복지증진 등을 위해 완화된 규정을 적용하고 있어 지주 입장에서는 반길 일이다.

어느 토지에 투자하는 게
더 많이 오를까?

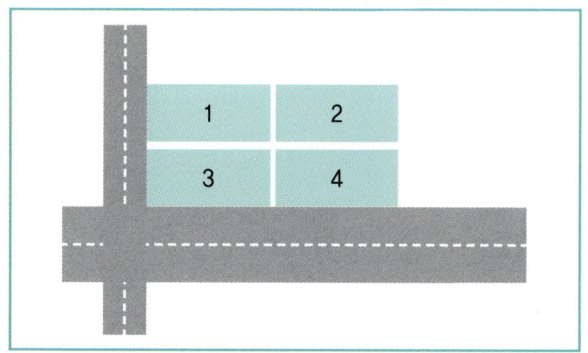

어느 토지가 투자 가치가 높을까?

그림과 같은 토지가 있을 때, 여러분은 1~4번 중 어느 토지에 투자하겠는가? 우선 누가 봐도 가장 좋아 보이는 토지는 3번이다. 두 도로의 교차로에 붙은 땅이라 가시성이 좋아 가치가 높다. 그다음으로 좋은 토지는 4번이며, 그다음 순번은 1번이다. 4번과 1번은 둘 다 도로에 접했지만, 4번 토지가 폭이 넓은 도로에 접해 있어 가치가 더 높다. 4필지 중 가장 투자에 신중해야 할 토지는 2번이다. 도로에 접해 있지 않아 맹지이므로 도로 확보를 어떻게 할지 먼저 고민한 후 매입 여부를 결정해야 한다. 요약하자면 투자성이 좋은 순서는 3-4-1-2번순의 필지라고 볼 수 있다.

다만, 투자 기간을 어떻게 생각하느냐에 따라 또다시 가치가 달라질 수 있다. 단기 투자라면 3번 토지의 가치가 높지만, 장기 투자라면 1번 토지의 가치가 높아질 수 있다. 그 이유는 도로의 확장 때문이다. 이 지역이 개발지라면 향후 도로가 확정될 것이다. 이때 도로 확장은 차량 이동량이 많은 곳이 먼저 확장된다(유추하는 방법은 뒷장에 기술함).

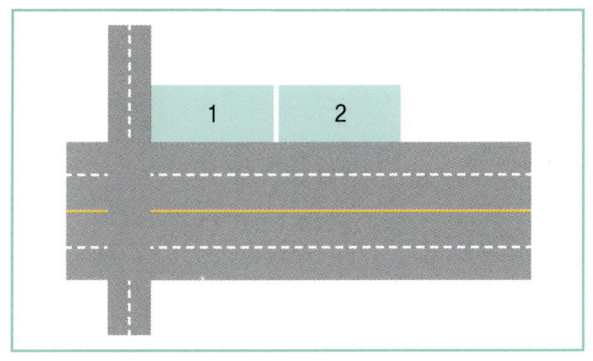

도로가 확정된 모습(예시)

도로가 확장되며 3, 4번 필지가 수용되면 1번은 대로에 접한 코너 땅이 되어 가치가 높아진다. 이런 이유로 토지 투자 고수는 미리 1번 토지를 매입해 장기적인 안목으로 보유하는 경우가 많다. 예를 들어 3번 토지의 시세가 평당 100만 원이었다면, 1번 토지는 평당 60만 원 선에서 매입하는 식으로 말이다. 애초에 3번 토지에 비해 저렴한 가격에 매입하면서 장기적으로 가치가 더욱 상승되니 투자 수익이 높다.

매물로 나온 필지

실사례를 통해 보자. 이곳은 개발지 인근인데 앞서 말한 3번 토지가 빨간색 선, 1번 토지가 파란색 선이 된다. 따라서 단기 투자 목적으론 빨간색 선의 토지를, 장기 투자 안목으론 파란색 토지를 사는 게 도움이 된다. 파란색 선의 토지는 향후 도로가 확장되며 대로에 접한 토지가 되기 때문이다.

어느 곳이 도로 확장될지
알아보는 법

　도로의 확장은 토지의 가치에 매우 큰 영향을 미친다. 도로 부분에 편입된 필지는 보상을 받고 끝나지만, 그 이면에 있던 필지는 도로에 접한 토지가 되어 가치가 달라진다. 마치 벽에 가려 빛을 보지 못한 토지가 벽이 철거되면서 빛을 받는 형상과 같다.

도로 확장에 따른 토지의 가치 변화

사진은 도로가 확장되면서 비닐하우스가 있던 곳에 건물을 짓기 위해 펜스를 친 모습을 보여주고 있다. 원래는 차 한 대가 간신히 지나갈 정도의 시멘트 길이었는데 왕복 2차로로 확장되며 토지의 가치가 높아져 건물이 들어설 수 있게 된 것이다. 도로는 국가(지자체 등)가 내주는데, 그 이득은 지주가 받으니 참으로 손 안 대고 코 푸는 식이다. 투자하는 곳마다 이런 식으로 도로가 확장되면 수익이 꽤 높아질 것이다.

자, 그렇다면 어떤 곳에 도로가 확장될까? 물론 모든 지주의 마음은 내 땅 앞으로 도로가 확장되면 좋겠지만, 이는 지주 맘대로 되진 않는다. 그럼 곰곰이 생각해보자. 도로를 개설하는 국가(지자체 등)는 도로의 확장이 절실히 요구되는 곳에 도로를 확장할 것이다. 이 말인즉슨, 통행량이 많아 기존 도로의 개선이 요구되는 곳 말이다.

앞선 사례의 필지가 위치한 지적도

이해를 돕기 위해 앞서 본 도로가 확장된 사례의 지적편집도를 보자. 지도에 표시된 1, 2번 도로를 봤을 때 어느 곳의 도로가 확장될 가능성이 클까? 정답은 1번이다. 그 이유는 1번 도로는 제1종일반주거지역으로 이뤄진 두 지역을 연결하는 도로이므로 통행량이 많을 것이기 때문이다. 그에 반해 2번 도로는 제1종일반주거지역과 보전녹지지역을 연결하는 도로이므로 1번 도로에 비해 통행량이 많지 않다. 예산을 사용해 개설하는 도로인 만큼 당연히 통행량이 많은 곳의 도로를 확장하는 게 급선무이므로 1번 도로 인근의 필지를 매입하는 게 투자 성공률이 높다.

또 다른 사례를 보자.

도로 확장 전 모습

도로 확장 후 모습

지적도 모습

사진에서 보듯, 좁은 도로가 넓게 확장된 모습이다. 이곳도 주거지역과 주거지역 간의 연결도로를 확장한 곳이다. 따라서 여러분이 어느 지역의 토지에 투자할 때 이런 방법으로 접근하면 좋다. 주거·상업·공업 지역은 녹지지역 및 비도시지역 대비 인구밀집도가 높다. 지역을 선택했으면 그중에서 도시지역(녹지지역은 신중)인 곳을 찾아 그 지역을 연결하는 도로의 상태를 보면 좋다. 이미 도로가 확정되어 통행량에 무리가 없다면 확장 가능성이 작지만, 도시지역임에도 도로가 좁다면 확장 가능성이 크기 때문이다. 물론 도로 확장은 예산이 갖춰져야 착수될 수 있기에 예상보다 다소 늦어질 수는 있지만, 예산이 준비되었을 때 어느 도로를 먼저 확장할 것인지의 여부는 인구밀집도가 높은 지역 간을 연결하는 도로라는 점을 잊지 말자.

향후 인구가 늘어날 곳의 연결도로 주목

더불어 해당 지역이 개발지라면 향후 어느 지역의 인구가 가장 많이 증가할 것인지 조사해야 한다.

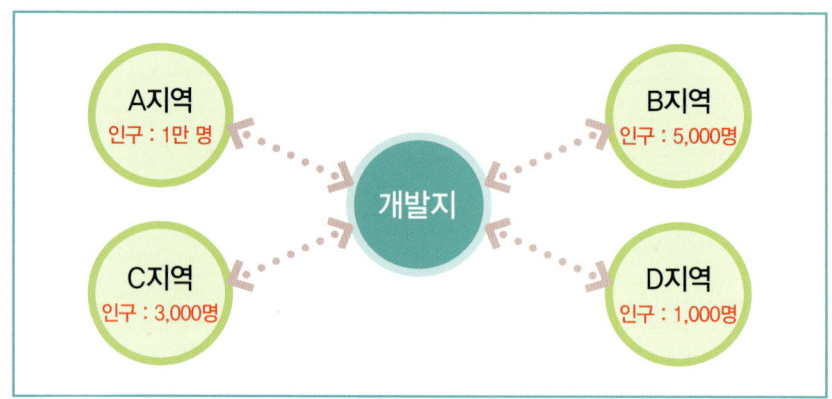

그림과 같이 A지역(인구 1만 명), B지역(인구 5,000명), C지역(인구 3,000명), D지역(인구 1,000명)의 인구 유입이 예상될 때, 향후 도로 예산이 가장 먼저 확정될 곳은 개발지와 A지역 간을 연결하는 도로다. 그 이후로 인구 증가폭이 높은 B-C-D순이다. 따라서 예산이 없거나 삭감되는 경우, 가장 인구 증가가 열악한 D지역부터 될 것이다. 그러므로 도로 확장 및 개설은 인구 증가량과 매우 밀접한 관계가 있으므로 투자 시 꼭 유념하길 바란다.

PART 7

뼈아픈 실수가
투자금을 날린다

빛 좋은 개살구가
되는 토지

다가구주택 뒤편의 해당 필지

　사진에서 보이는 다가구주택이 들어선 필지는 76평의 제2종일반주거지역으로, 1층은 주차장, 2~4층은 다가구주택(원룸)을 지었다. 북측 도로에 접해 있어 일조권의 제한을 받지 않아 건물이 네모반듯하게 올라갈 수 있었다. 자, 이렇게 도로에 접한 필지는 개발이 되어 건물이 지어졌는데, 그 옆에 인접한 필지(파란색 동그라미)는 어떤 운명일지 한번 살펴보자.

지적도 모습

지적도의 분홍색 선으로 표시한 부분엔 다가구주택이 건축되어 있고, 그 아래쪽으로 파란색 선으로 표시한 부분이 해당 필지다. 해당 필지의 면적은 약 42평의 제2종일반주거지역으로, 지상에는 지은 지 60여 년 되는 낡은 주택이 있다.

지목	대		면적	140 ㎡
개별공시지가 (㎡당)	845,200원 (2020/01) Q 연도별 보기			
지역지구등 지정여부	「국토의 계획 및 이용에 관한 법률」에 따른 지역·지구등	제2종일반주거지역		
	다른 법령 등에 따른 지역·지구등	가축사육제한구역(2015-03-04)<가축분뇨의 관리 및 이용에 관한 법률>		
	「토지이용규제 기본법 시행령」 제9조제4항 각 호에 해당되는 사항			

해당 필지의 토지이용계획서

만약 이 필지가 급매로 싸게 나왔다고 가정할 때, 초보 투자자인 경우 덥석 살지도 모른다. 제2종일반주거지역이므로 번듯한 건물을 지을 수 있다는 기대감에 말이다. 하지만 이 필지는 그럴 수 없다. 신축하려면 너비 4m 이상, 도로에 2m 이상 접해야 하는데, 해당 필지는 앞 필지에 막혀 맹지다. 따라서 도로를 확보하는 게 관건인데, 이미 앞 필지에 다가구주택이 들어온 상태라 앞 필지를 통해 도로를 확보하긴 어렵고, 옆 필지의 땅을 매입하거나 토지 사용 승낙을 받아야 할 것이다. 하지만 토지 면적이 42평밖에 되지 않는 땅에 도로를 확보하기 위해 도로에 접하고 있는 다른 토지의 땅을 매입하거나 토지 사용 승낙을 받으려면 도로 확보하는 데 소요되는 비용이 너무 크다.

결국, 해당 필지는 단독으로 개발이 어려우므로 앞 필지의 소유자에게 팔거나, 반대로 앞 필지를 샀어야 한다. 만약 앞 필지 소유자가 다가구주택을 짓기 전, 뒤 필지까지 매입해 조금 더 큰 건물을 지으려고 매도 협의를 해왔다면 적당한 가격 선에서 응하는 게 좋을 뻔했다. 하지만 결과적으로 앞 필지 소유자에게 팔지도, 앞 필지를 사지도 않았기에 덩그러니 맹지로 남아버렸다. 더 큰 문제는 해당 필지의 남쪽 방향으로 인접한 필지가 상업지역으로, 훗날 높은 건물이 들어오면 해당 필지에는 온종일 그늘이 져 가치가 더욱 낮아지게 된다.

용도지역은 토지의 가치를 평가하는 아주 중요한 잣대지만, 도로 여건을 무시한 채 용도지역만 보고 토지를 매입하면 후회할 가능성이 크다. 따라서 올바른 토지 투자는 용도지역뿐만 아니라, 건축법상 도로에 접하고 있어 최종적으로 건축이 가능한지를 살펴야 한다. 그렇지 않으면 빛 좋은 개살구 처지가 되어 투자금이 묶여버리는 사태가 올 수 있다.

개발지 옆이라
금세 땅값이 오른다고?

토지를 개발하면 수익이 높은 건 사실이지만, 이는 개발될 수 있는 토지를 구입했다는 전제에서 시작한다. 실무에서는 개발하지 못하는 토지를 좋은 토지로 착각해 구입하는 사례가 비일비재하니 특히 주의하도록 하자.

곧 열 배 오를 땅이다?

"사장님, 바로 저기 아파트 개발지 보이시죠? 거기 땅값이 평당 500만 원인데 여긴 평당 50만 원으로 1/10 가격이에요. 여기도 금세 평당 수백만 원으로 오르니 지금 이 땅 안 사시면 후회해요."

누군가 여러분에게 이렇게 속삭인다면 마음이 흔들리지 않을까? 실제 주변에 아파트 개발이 들어서고 있으니 말이다. 하지만 이런 멘트는 매우 조심해야 한다. 그렇게 좋은 땅이라면 본인이 사둬야지, 왜 굳이 팔겠는가? 이런 사례는 실제 기획 부동산 회사가 팔아먹은 수법이었으니 숙지해서 당하지 않도록 하자.

해당 임야 옆에 아파트 개발지가 있다

임야의 실제 모습

사진에서 보듯 아파트 개발지 옆의 임야가 있는데 이곳의 면적은 약 630평이다. 현재 모습은 시골 동네의 뒤 야산처럼 보이지만 아파트 택지개발지구가 코앞이라 곧 개발 여파가 밀려올 것이라며 기획 부동산 회사가 팔아먹은 임야다. 예를 들어 평당 50만 원씩 한 구좌에 50평 단위로 팔면 2,500만 원이다. 두 구좌를 구입하면 5,000만 원인 것이다.

머지않아 열 배 이상 오른다는데 2,500만 원을 내지 않고 버틸 사람이 얼마나 될까? 투자금으로 2,500만 원이면 그리 큰 자금이 아니기 때문이다. 잘하면 대박이란 생각에 사로잡혀 한 구좌뿐만 아니라 여러 구좌를 구입하는 사람들까지 생긴다. 구입 형태는 우선은 지분형태이며, 분양이 완료되면 분할등기하면 된다고 속삭인다. 실제 땅을 구입할 때는 가분할도에 그려진 면적을 보고 구입하는 경우도 많다.

그럼 이렇게 사놓은 땅이 얼마나 가치가 있는지 알아보자. 토지의 가치를 알려면 제일 먼저 토지이용계획서를 발급해야 한다.

지목	임야		면적	2,083 m²
개별공시지가 (m²당)	9,370원 (2020/01) Q 연도별 보기			
지역지구등 지정여부	「국토의 계획 및 이용에 관한 법률」에 따른 지역·지구등	보전녹지지역 , 제1종일반주거지역		
	다른 법령 등에 따른 지역·지구등	가축사육제한구역(그외지역 200m제한 조례참조)<가축분뇨의 관리 및 이용에 관한 법률>, 상대보호구역(창북중학교)<교육환경 보호에 관한 법률> , 공익용산지<산지관리법> , 보전산지<산지관리법> , 준보전산지<산지관리법> , 공장설립승인지역(1호)<수도법> , 배출시설설치제한지역(폐수)<수질 및 수생태계 보전에 관한 법률>		
	「토지이용규제 기본법 시행령」 제9조제4항 각 호에 해당되는 사항			

해당 임야의 토지이용계획서

해당 임야의 토지이용계획서를 보면 보전녹지지역, 제1종일반주거지역이란 용도지역이 눈에 띈다. 이렇게 두 용도지역이 중첩된 이유는 필지 내 두 용도지역이 나뉘기 때문인데, 기획 부동산 회사는 제1종일반주거지역을 내세워 홍보할 것이다. 자, 그렇다면 이곳에 주택을 지을 수 있을까? 그렇지 않다. 해당 필지는 산지관리법에 의해 공익용산지로 지정된 곳이기 때문이다. 물론 토지이용계획서를 보면 준보전산지의 표기도 보인다. 이런 경우 기획 부동산 회사는 준보전산지를 내

세울지도 모른다. 하지만 해당 필지 내 공익용산지와 준보전산지의 비율을 알아봐야 한다. 그러기 위해선 산림청-산지정보시스템 홈페이지(forestland.go.kr)에서 해당 필지의 주소를 입력하면 된다.

'산림청-산지정보시스템'에서 해당 산지의 주소를 입력한다

산지구분현황		
보전산지면적		준보전산지면적(㎡)
임업용산지면적(㎡)	공익용산지면적(㎡)	
0	2,145	51

조회 결과 임야의 대부분이 공익용산지다

공익용산지를 보여주는 지도 모습(노란색 부분만 준보전산지임)

결국, 투자자들은 기획 부동산 회사의 감언이설에 속아 아무짝에도 쓸모없는 공익용산지를 샀다. 게다가 지분형태로 구입했으니 이를 다시 되팔기도 어렵다. 물론 해당 지분도 거래할 순 있지만, 누가 사 줄 사람이 없으며 게다가 공익용산지니 정상적인 방법으론 팔기 어려울 것이다. 기획 부동산 회사는 값싸게 사들인 땅을 5~10배 이상의 마진을 붙여 팔고 떴으며, 결국 모든 손해는 투자자들이 입었다.

그러므로 토지에 투자할 때는 반드시 토지이용계획서, 산림정보서비스 등 관계 서류를 검토해야 한다. 만약 그래도 모르겠으면 제대로 된 토지 전문가에게 자문하는 게 좋다. 하지만 보통 묻지 않고 사는 경우가 대부분이다. 그 이유는 크게 두 가지로 나눌 수 있다. 첫째, 이 좋은 기회(?)가 날아갈까 봐 서둘러서다. 주변이 개발되고 있는 게 눈에 보이고 그 개발 여파가 곧 밀려올 텐데 머뭇거리다 놓치면 후회할까 봐 서두른다. 둘째, 이미 사고 싶다는 마음을 먹은 상태라 누구의 충고를 듣고 싶지 않다. 또한, 상의하다 이 좋은 정보가 새나갈까 봐 경계하는 마음도 있다.

어쨌든, 기획 부동산 회사의 감언이설과 본인의 확신이 더해져 덥석 사놓는다. 그러다 시간이 흐르면 불안한 마음에 그제야 주변에 묻는다. 이미 상황이 끝났는데 뒤늦게 물어본들 무슨 소용이 있을까? 거듭 강조하지만, 토지는 알고 투자하는 게 백 번 낫고, 모른다면 제대로 된 전문가를 알아두는 게 큰 도움이 된다. 돈을 벌긴 어려워도 날리는 건 순식간이기 때문이다.

무지와 욕심이 부른
기획 부동산 회사의 폐해

많은 사람들이 기획 부동산 회사에 대해 거부감을 갖지만, 실제로는 기획 부동산 회사인 줄 모르고 이들을 통해 토지를 매입한 사람들이 많다는 점은 아이러니하다. 신문에 전면광고를 하거나 전화 텔레마케팅을 하는 사람이 스스로를 기획 부동산 회사라고 하지는 않는다. 실제 쓰지도 못하는 토지를 다양한 방법으로 분할해서 파는 회사가 많지만, 기획 부동산 회사라는 단어는 어디에도 찾을 수 없다. 결국, 여러분이 매입하려고 하는 작은 필지의 땅을 파는 회사가 기획 부동산 회사인지, 아닌지는 소비자인 여러분이 직접 판단할 문제가 된다.

하지만 이 판단을 내리는 것은 생각보다 쉽지 않다. 특히 종잣돈이 적은 경우, 개발계획이 잡혀 있는 지역을 대상으로 하는 기획 부동산 회사의 영업 방법에 넘어가지 않기가 쉽지 않다. 특히 '투자하면 돈이 된다'라는 말로 현혹당했다면 더욱 쉽지 않다. 게다가 여러분의 마음속에 있는 '이번 기회에 한몫을 잡아보자'라는 욕심이 생겼다면 더욱 판단을 하기가 어려워진다. 기획 부동산 회사에서는 전화 상담을 담당하는 텔레마케터들에게 투자 대상 매물을 가지고 이야기하도록 교육하기보다는 상대방의 욕심을 건드리거나 자존심을 상하게 해서 투자하도록 유도하는 교육에 치중하기 때문이다.

팔고 뜨는 기획 부동산 회사

정확히 말하면 기획 부동산 회사는 부동산 중개업체가 아니다. 즉, 공인중개사 자격증을 걸고 영업하는 회사가 아니기에 법적인 책임을 지지 않는다. 토지를 분양받은 사람과 기획 부동산 회사는 매수자와 매도자와의 관계일 뿐이다. 분양받은 사람이 나중에 쓸모없는 땅을 부여안고 고생하든 말든 본인들만 돈을 벌면 된다고 생각하는 업체다.

실제로 기획 부동산 회사에 피해를 본 사람 중에는 잘 아는 지인의 권유 때문에 별 의심 없이 땅을 산 사람들이 상당수 있다. 지인이 일부러 속이고 팔았을 수도 있지만, 지인도 나쁜 땅인지 모른 채 수당을 챙기기 위해 어쩔 수 없이 떠넘기는 경우도 많다(지인조차도 실적을 채우기 위해 땅을 사는 경우가 많다). 더불어 대부분의 투자자는 일확천금의 욕심으로 기획 부동산 회사의 정보를 제대로 확인하지 않거나 과신했다가 손해를 본 사람들이다.

기획 부동산 회사의 한 개 구좌의 투자 금액을 2,000~5,000만 원

내외의 소액 투자로 해놓고 공략한다. 이들은 대략 1만 평 이상의 땅을 구입한 뒤 200~500평 내외로 분할해서 파는 것을 주로 한다. 평당 가격이 낮다면 1,000평 단위로 분양을 하는데 이렇게 하는 이유는 간단하다. 매수하는 사람들에게 부담 없는 가격이기 때문이다. 필지별 분양 가격이 억 단위가 넘어가면 매수자가 신중해지기 때문이다. 그렇다고 억 단위로 투자한 분이 없는 것은 아니다. 돈이 있는 줄 알면 기획 부동산 회사 직원이 일차적으로 한 개 구좌를 매입하게 한 후 이를 빌미로 감언이설을 동원해서 몇 구좌라도 더 사게 한다. 한 필지라도 매입한 사람은 알게 모르게 분양받은 땅에 애착이 가므로 주변에서 우려의 말을 해도 들리지 않는 상태가 되면서 결국 여윳돈을 모두 투자를 하는 경우도 많다.

부동산 재테크 시장에서 가장 필요한 것 중의 하나가 정보다. 누가 정확하고 좋은 정보를 먼저 입수하느냐에 따라 돈이 되기 때문이다. 그래서 기획 부동산 회사는 남다른 정보를 파는 것처럼 토지를 분양한다. 그 정보가 실제로 있는 정보든, 아니면 기획 부동산 회사에서 만들어낸 것이든 상관없다. 듣는 사람을 솔깃하게 만들면 그만이기 때문이다. 따라서 이런 감언이설의 기획 부동산 회사에 당하지 않으려면 본인이 토지의 가치를 볼 줄 아는 안목을 키워야 한다. 하다못해 현장에 가지 않더라도 집에서 서류만 발급해봐도 투자 가치가 있는지 없는지 대략 감이 오는데, 이조차도 어떤 서류를 발급해봐야 하는지도 모른 채 토지 투자를 하는 사람들도 많다. 티셔츠 한 장을 사더라도 가격 비교를 하고 사는 세상인데, 수천만 원이 넘는 땅을 살 때는 어찌나 대담한지 모른다.

단지 싸다고 구입하면
되팔기가 어렵다

부동산 재테크는 싸게 사서 비싸게 파는 게 관건이다. 따라서 어떻게 하면 싸게 살지를 고민해야 하고, 어떻게 하면 비싸게 팔지를 궁리해야 한다. 여기서 짚어볼 문제는 싸다는 관점이다. 단지 가격이 싼 물건이 있고, 가치가 좋은데 가격도 싼 물건이 있다. 우리는 전자보다 후자를 눈여겨봐야 함에도 현실에서는 싼 가격에 마음이 흔들리는 경우가 적지 않다. 나 역시 이 같은 실수를 한 적이 있다.

2016년 6월, 231평의 전원주택지(도로 지분 포함)를 매입한 적이 있었다. 이 땅을 매입한 이유는 토지 매입가가 시세보다 저렴했으며 대출이 80% 가까이 나와 투자금이 많이 소요되지 않았기 때문이었다.

전원주택 단지 및 진입로 현재 모습(당시에는 건축 전이었음)

대출을 활용해 소자본으로 샀다가 일정 차익을 보고 팔고 나올 생각으로 샀던 땅인데, 예상과 다르게 쉽게 팔리지 않아 꽤 애먹었던 땅이다. 실제 매도한 날짜는 2019년 8월로, 투자 기간 3년 2개월 동안 시세 차익은 결국 본전이었다. 물론 일부 남았지만, 그동안의 대출이자 및 세금을 제하니 남는 게 없었다.

실패한 원인

1. 지역분석 소홀

자고로 투자할 때는 상품보다 지역(입지)을 먼저 봐야 함에도 지역을 보지 않고 싼 가격이라는 상품에 관심을 뒀다. 그리고 시세보다 저렴하게 나왔다는 사실과 대출 레버리지에 현혹되었다. 이미 물건에 마음이 쏠리니 다른 사람이 채갈까 봐 조마조마한 마음이 들었던 것도 사실이다. 지금 생각하면 '싸게 사서 적당한 시세에 팔고 나오지 뭐' 하는 안일한 생각으로 접근했던 것 같다.

2. 지가상승률이 낮은 지역

3년이 지나도록 토지 가격이 오르지 않은 이유는 해당 토지가 보전녹지지역이기 때문이었다. 토지는 상업지역 > 주거지역 > 공업지역순으로 지가상승률을 보여 상업지역이 가장 좋다(물론 이 또한 입지분석이 필요하다). 결과적으로 해당 용도지역이 큰 폭의 지가상승률을 부르는 지역은 아니었다.

3. 인근에 대규모 택지개발 진행

당시 평당 120~140만 원대에 거래된 토지를 이보다 낮게 매입했으나 이 땅을 사 줄 매수자가 드물었던 이유는 30분 거리에 부산장안신도시, 일광신도시 등 대규모택지개발사업이 이뤄져 신축아파트가 많이 들어섰기 때문이었다. 즉, 교통 편한 곳에 신축아파트가 넘쳐나는데 굳이 이곳에 들어와 전원주택을 지어야 할 이유가 없었다.

해당 필지와 인근 신도시와의 거리

4. 주변 환경이 전원주택 콘셉트와 상이

전원주택지는 도심과의 거리가 30분에서 1시간 내외로 너무 멀지 않으면서 공기 좋고 자연환경이 우수한 곳을 선호하는 경향이 높다. 하지만 해당 필지 주변은 산업단지가 조성 중이어서 전원주택 콘셉트와 맞지 않았다.

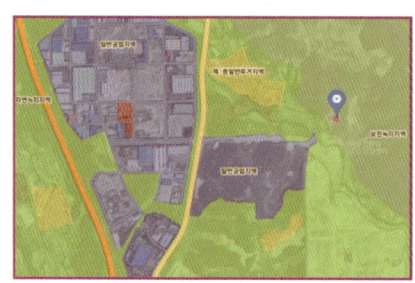 

필지 인근의 대형 규모 산업단지 예정지

5. 231평인 점이 매도를 어렵게 만들었다

전원주택은 660㎡(약 200평) 이내를 선호한다. 그 이유는 개발부담금이 면제되는 면적이면서, 적정 전원주택 사이즈가 나오기 때문이다(개발부담금에 관한 설명은 뒷장에 기술). 전원주택이 들어서는 곳은 대부분 녹지지역이 많은데, 이곳의 건폐율은 20%다. 따라서 40평(200평×20%)의 바닥 면적이 나올 수 있다. 사람들은 1층 면적 기준 30~40평형을 가장 많이 선호하므로 전원주택지는 150~200평의 거래가 수월하다. 하지만 내가 보유한 필지는 231평으로 개발부담금 제한 면적보다 30여 평이 더 컸다. 이 30여 평이 매수자가 나타나더라도 매번 고전했던 이유가 되었다. 다행히 2019년 말까지 한시적으로 광역시 도시지역의 기준 면적을 1,000㎡로 완화하면서 팔고 나올 수 있었다.

토지 개발,
반드시 개발부담금을 염두에 두자

　지목변경을 수반하는 개발사업(주택, 근린생활시설 등), 관광단지조성 사업 등 토지를 개발해 다른 목적으로 이용하는 경우 반드시 개발부담금을 염두에 두어야 한다. 가장 흔한 예가 전원주택 필지를 사고 집을 지으려고 할 때 갑자기 개발부담금이란 명목으로 세금을 내라는 고지서를 받게 되는 경우다. 땅을 산 것뿐인데 개발부담금을 내라니 건축주로서는 어안이 벙벙할 것이며, 금액이 수백만 원에서 수천만 원에 이르는 경우가 있어 날벼락으로 느껴진다. 그렇다면 이렇게 고지된 개발부담금이란 도대체 뭘까?

　개발부담금은 '개발이익에 부담을 물리는 세금'이다. 개발하면 해당 지가가 상승하고, 그 이익을 또다시 반복하면서 난개발이 발생하는 상황에 대처하기 위해 개발이익의 25%를 환수하는 제도다. 개발부담금은 모든 개발에 대해 부과하는 게 아닌 일정 면적 이상에 대해 부과한다.

- 개발부담금 : 개발이익 × 25%
- 개발이익 : 종료시점지가 − (개시시점지가 + 정상 지가 상승분 + 개발 비용)
- 사업 면적에 따른 부과 대상

구분		부과 대상 규모
도시지역	특별시/광역시	660㎡ 이상
	특별시/광역시 외 지역	990㎡ 이상
	개발제한구역	1,650㎡ 이상
비도시지역		1,650㎡ 이상

- 개발부담금이 부과되는 사업 종류 : 택지개발사업(주택단지조성사업 포함), 산업단지개발사업, 관광단지조성사업, 도시환경정비사업(공장을 건설하는 경우 제외), 물류시설용지조성사업, 온천개발사업, 여객자동차터미널사업, 골프장건설사업, 지목변경이 수반되는 개발사업(주택, 근린생활시설 등), 기타 위와 비슷한 사업

개발부담금 관련 주의할 점은 개발 당사자가 아님에도 건축주가 개발부담금을 내야 하고, 기준 면적 이하라도 개발부담금이 부과되는 경우가 많다는 점이다. 먼저 전자의 이유는 개발부담금은 준공(사업 완료) 전에 개인에게 토지를 양도하는 경우 개발부담금이 같이 승계되기 때문이다. 후자의 이유는 개발 방식의 차이 때문이다. 토지 개발은 개별 방식과 분양방식으로 나눌 수 있는데, 최초에 개발을 어떤 방식으로 진

행했느냐에 따라 다르다.

구분	개별 방식	분양 방식
거래 유형	개발업자가 일반인들이 좋아할 만한 평수로 토지를 가분할한 뒤 매수자의 이름으로 허가를 받아주면서 매매하는 방법	개발업자가 한 덩어리의 토지로 개발행위허가를 받은 뒤 일반인에게 그 토지를 작은 평수로 나눠 분양하는 방법
허가 여부	허가받지 않은 방식	이미 한 덩어리로 허가받은 부지를 매입하는 형태
일반인 선호도	선호도 떨어짐	일반인들이 선호
개발부담금 발생여부	기준 면적 이하인 경우 개발부담금 없음	추후에 건물을 지으면 토지를 분양받은 자가 개발부담금 납부

따라서 분양 방식으로 토지를 매입한 사람은 개발부담금의 납부자가 되기 때문에 필지를 분양받을 때 개발부담금 여부 등을 확인하고 계약서 등을 작성할 때 관련 특약을 넣어 피해를 예방하면 좋다.

경사도를 모르면
15% 가격에
낙찰받아도 꽝이다

산지 투자는 어느 정도 투자 감각을 익혔을 때 시작해도 늦지 않다. 괜히 아무것도 모르는 상태에서 어설프게 투자하다가는 그대로 자금이 묶이는 경우도 많다. 이번 사례는 경매로 진행된 임야 낙찰 사례인데, 결과적으로 잘못된 낙찰이다.

소재지	강원 태백시 소도동		도로명 검색			
물건종류	임야	사건접수	2010.12.01		경매구분	임의경매
건물면적	0m²	소유자	정	외 1명	감정가	1,042,908,000원
대지권	15821m² (4785.85평)	채무자	정	외 1명	최저가	(13%) 139,977,000원
매각물건	토지전부	채권자	박		입찰보증금	(10%) 13,997,700원

경매 진행된 내역

입찰 진행 내용			
구분	입찰기일	최저매각가격	상태
1차	2011-10-25	1,042,908,000	유찰
2차	2011-11-29	834,326,000	유찰
3차	2011-12-27	667,461,000	유찰
4차	2012-02-14	533,969,000	유찰
5차	2012-03-27	427,175,000	유찰
6차	2012-04-24	341,740,000	유찰
7차	2012-06-05	273,392,000	유찰
8차	2012-07-17	218,714,000	낙찰

낙찰 222,200,000원 (21%)
(응찰 : 1명 / 낙찰자 :)
매각결정기일 : 2012.07.24 - 매각허가결정
대금지급기한 : 2012.10.10 / 미납

9차	2012-11-13	218,714,000	유찰
10차	2012-12-18	174,971,000	유찰
11차	2013-01-22	139,977,000	낙찰

낙찰 151,000,000원 (14%)
(응찰 : 1명 / 낙찰자 : 이   )
매각결정기일 : 2013.01.29 - 매각허가결정
대금지급기한 : 2013.03.07
대금납부 : 2013.02.20 / 배당기일 : 2013.03.14
배당종결 : 2013.03.14

낙찰 결과 내역

　　감정가 10억 원의 임야가 경매에 진행되었는데, 지속해서 유찰이 진행되다 1억 5,000만 원에 단독입찰로 낙찰되었다. 참고로, 임야 경매에서 단독입찰은 고수 아니면 하수 중 하나다. 해당 임야의 토지이용계획서를 보니 제1종일반주거지역이면서 준보전산지다. 아마도 이런 점이 투자의 매력으로 느껴질 수 있어 낙찰받은 듯하나, 아쉽게도 경사도를 놓친 듯해 안타까운 마음이 든다. 해당 임야는 경사도가 높아 개발되지 않는 곳이기 때문이다.

　　맞춤형산림정보서비스(임업정보다드림)를 통해 해당 필지를 입력해보면 경사도가 25~30도, 울폐도가 71% 이상임을 알 수 있다. 즉, 경사가 심하고 수목이 빽빽이 심겨 있음을 알 수 있어 산지 전용허가가 나질 않는 곳이다.

해당 임야의 모습

적정조림수종	대표수종		추가수종	
	낙엽송, 잣나무, 백합나무, 자작나무, 포플러		고로쇠나무	
임지생산능력	급지분포			
	Ⅱ급지(상),			
지형정보	표고(m)	방위		경사도(°)
	700~800	북서		25~30도
나무정보	수종	나무지름(cm)	나무나이(년)	울폐도(%)
	낙엽송	18~30	41~50	71이상
토양정보	토양깊이(cm)	토성		건습도
	중(30~60)	식양토		적윤
산사태정보	위험등급			

해당 필지의 분석 내역

    그러니 감정가 10억 원짜리 임야를 아무리 1억 5,000만 원에 낙찰받았다 한들 말짱 꽝이다. 여러분도 임야 투자할 때 이런 실수를 하지 않으려면 토지이용계획서뿐만 아니라 경사도, 울폐도 등도 체크해야 한다.

면적이 넓다고
착각하지 말자

"토지 대장님, 이 토지를 살까 하는데 한번 봐주시겠어요?"

강의가 끝난 어느 날, 한 회원이 머뭇거리며 내게 다가왔다. 어느 토지를 추천받았는데 면적 대비 시세가 좋아 보여 사두려는 마음이 든다고 했다. 도로에 접하고 있으며 인근에 펜션들이 있어 이곳에 펜션을 직접 짓거나 그런 수요자에게 팔면 수익이 날 듯하다고 했다. 또한, 도심과의 거리도 5km 떨어져 있어 접근성이 좋아 전원주택단지로 개발해도 좋을 것 같다고 했다. 회원에게 필지의 주소를 받아 조사를 들어갔다. 먼저 해당 지도를 보니 산 위쪽으로 길쭉하게 형성된 토지 모양으로 16만 7,000여 평에 달했다. 이런 경우, 표고 및 경사도가 높아 개발이 어렵다.

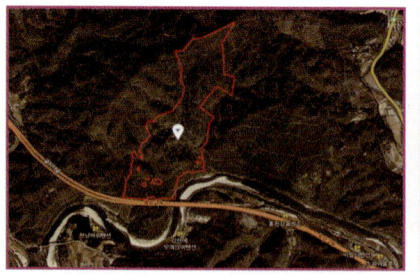 

해당 임야의 위치

해당 필지의 토지이용계획서

또한, 토지이용계획서를 보니 임업용산지에 고속도로법상의 접도구역이었다. 더 자세한 산지 면적 비율을 알기 위해 산림청-산지정보조회에서 해당 필지의 주소를 입력하니 하단 쪽에 위치한 약 20%에 달하는 면적이 준보전산지였으니 그 위로 약 80%에 달하는 면적이 임업용산지였다.

산지구분현황		
보전산지면적		준보전산지면적(㎡)
임업용산지면적(㎡)	공익용산지면적(㎡)	
433,843	0	128,877

그러니 이런 임야를 마치 전체를 개발할 수 있다는 식으로 16만 7,000평×평 단가를 구하면 큰일이다. 이러면 쓸모없는 땅까지 비싸게

사는 꼴이 된다. 게다가 아래쪽의 준보전산지도 개발이 어렵다. 그 이유는 경사도 및 활엽수의 울폐도가 높기 때문이다. 설령 경사도와 울폐도가 낮더라도 고속국도상의 접도구역인 점도 개발을 어렵게 한다(접도구역에 대한 설명은 뒷장에 기술).

산림청정도	청정도분포		
	Ⅰ등급(매우 높음), Ⅱ등급(매우 높음), Ⅲ등급(높음)		
적정조림수종	대표수종		추가수종
	상수리나무, 낙엽송, 백합나무, 포플러		-
임지생산능력	급지분포		
	Ⅱ급지(상)		
지형정보	표고(m)	방위	경사도(°)
	200~300	남동	35~40도
나무정보	수종	나무지름(cm)	나무나이(년)	울폐도(%)
	기타활엽수	18~30	31~40	71이상
토양정보	토양깊이(cm)		토성
	중(30~60)		사양토
산사태정보	위험등급		
	1, 2, 3, 4, 5		

해당 임야의 산림 정보

결과적으로, 해당 임야는 경사도가 높고, 울창해 개발되지 않는 곳이다. 이런 곳을 면적이 넓다는 이유로 싸다고 샀다가는 그대로 투자금이 묶일 수 있으니 신중해야 한다.

접도구역은
한 번 더 점검해보자

접도구역이란 도로 구조의 손괴 방지, 미관 보존 또는 교통에 대한 위험을 방지하기 위해 도로경계선으로부터 일정 거리 이내에 지정되는 구역이다. 일반적으로 고속도로는 10~30m, 일반도로는 5m가 접도구역이다. 접도구역 저촉 여부는 토지이용계획서에 표기된다.

지목	임야		면적	552,471 m²
개별공시지가 (m²당)	1,000원 (2020/01) Q 연도별 보기			
지역지구등 지정여부	「국토의 계획 및 이용에 관한 법률」에 따른 지역·지구등	농림지역·보전관리지역		
	다른 법령 등에 따른 지역·지구등	가축사육제한구역<가축분뇨의 관리 및 이용에 관한 법률>, 고속국도법상의접도구역(접도구역)<고속국도법>, 임업용산지<산지관리법>, 하천구역(홍천강)<하천법>		
	「토지이용규제 기본법 시행령」 제9조제4항 각 호에 해당되는 사항			

토지이용계획서에 표기된 접도구역(예시)

해당 필지에 접도구역이란 표기가 있다는 뜻은 도로에 접했다는 의미가 된다. 하지만 이 도로를 이용해 건축할 수 있을지는 미정이다. 지목이 전, 답, 과수원, 임야 등에 건축하려면 토지형질변경의 개발행위허가를 받아야 하는데 접도구역은 지자체마다 심의가 다르다. 접도구역에 개발행위허가를 해주는 곳도 있고 그렇지 않은 곳도 있다. 또한, 해당 도로 관리청에서 변속차로(감속차로·가속차로)를 설치하는 조건으로 진입로를 내주는 경우에도 이를 형질변경까지 인정하는지는 지자체마다 다르다. 따라서 접도구역 필지는 매입 전 지자체 담당자에게 문의를 해보는 게 좋다.

도로점용허가와 개발행위허가를 받아 건축하는 경우 건폐율, 용적률 산정 시 접도구역 면적도 대지 면적에 포함되지만, 접도구역에는 건축할 수 없다. 설령 허가를 받아 건축을 하는 경우에도 지자체에서 일정 이격거리를 두도록 요구하는 경우가 있다. 필지의 면적이 작은 경우 접도구역에 해당하는 면적 + 이격거리를 제외하면 실질적으로 건축이 불가능한 경우도 있다. 따라서 접도구역에 접한 필지가 다른 개발행위허가 조건을 모두 만족했을 때는 관계 담당자에게 도로에 관한 문의를 해야 한다(임야인 경우 토지이용계획서, 경사도, 입목축적도 등의 요건으로 도로를 알아보기도 전에 이미 개발이 불가능한 경우가 많다).

접도구역이 표기되어 있는 알림판

　참고로, 접도구역이 지정되면서 주변 땅의 지주들이 토지의 용도를 종래의 목적으로 사용하지 못해 효용 가치가 현저히 떨어지고 큰 손실을 보는 경우, 해당 도로 관리청에 매수 청구를 할 수 있다. 단, 다음과 같이 일정한 조건에 부합되는 소유자만 가능하다.

- 접도 구역으로 지정할 당시부터 토지를 계속 보유하고 있는 사람
- 토지의 사용 수익이 불가능해지기 전, 토지를 취득해 보유한 사람
- 이 두 가지 조건에 해당하는 소유자로부터 토지를 상속받고 계속 보유한 사람

도시지역은 접도구역 예외

　접도구역은 위험을 방지하고자 지정되는 경우가 많다. 일반도로나 지방도는 차량 속도가 비교적 빠른 곳으로, 이런 도로에 바짝 접해 건축물을 지을 경우, 건물에서 갑자기 도로로 나오는 사람이나 차량으로 인해 사고가 발생할 수 있다. 이런 이유로 접도구역을 설정해 일정 이

격거리를 띄어 건축하게 함으로써 안전을 기하는 것이다. 단, 도시지역(주거·상업·공업·녹지지역)에서는 접도구역을 적용하지 않는다(국토의계획및이용에관한법률 제83조). 개발을 목적으로 하는 도시지역에 접도구역을 지정하면 개발이 방해되기 때문이다.

이런 경우 접도구역도
알 박기가 될 수 있다

약 90평의 토지가 매물로 나왔다. 해당 필지의 토지이용계획서를 보니 계획관리지역이며 접도구역이었다.

지목	전		면적	300 m²
개별공시지가 (m²당)	53,100원 (2020/01) Q 연도별 보기			
지역지구등 지정여부	「국토의 계획 및 이용에 관한 법률」에 따른 지역·지구등	계획관리지역		
	다른 법령 등에 따른 지역·지구등	가축사육제한구역(일부제한구역중 모든축종사육제한)<가축분뇨의 관리 및 이용에 관한 법률>, 상대보호구역<교육환경 보호에 관한 법률>, 절대보호구역<교육환경 보호에 관한 법률>, 접도구역<도로법>		
「토지이용규제 기본법 시행령」 제9조제4항 각 호에 해당되는 사항				

해당 필지의 토지이용계획서

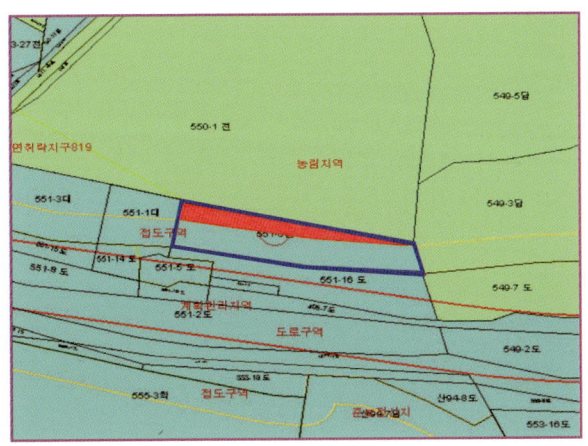
접도구역이 표기되어 있는 알림판

용도지역은 좋았지만, 접도구역이다 보니 일정 이격을 띄어야 해서 길쭉한 삼각형 모양이 되어 건축할 수 있는 토지의 면적이 얼마 되지 않았다. 지적도에서 보듯 파란색 선이 원래 필지의 면적인데 접도구역으로 이격을 띄니 빨간색 표시한 부분에만 건축이 가능한 것이다. 이러다 보니 해당 필지를 사겠다는 사람이 없어 시세보다 훨씬 저렴한 급매로 나오게 되었다.

이런 경우 접도구역으로 해당 땅의 모양이 이쁘지 않고 건축 가능한 면적이 얼마 나오지 않아 수익성이 적지만, 뒤 땅에 따라 연계성을 생각해보면 가치가 높아질 수 있다. 이 필지와 연접한 뒤 땅은 900평으로 열 배가 더 넓은 면적이었다. 뒤 땅에 개발행위를 하려면 반드시 도로가 필요하므로 앞 땅이 필요할 것이다. 그럼, 뒤 땅 소유자에게 높은 가격을 받고 팔 수 있을 것이다. 또는 역으로 뒤 땅을 저렴하게 매입하는 것이다. 뒤 땅은 도로에 접하지 않은 맹지이니 도로에 접한 땅의

50~60% 가격에 사들인 뒤 두 필지를 합필하면, 전체 990평이 도로에 접한 땅이 되어 가치가 매우 상승한다. 물론 그대로 팔기에는 면적이 다소 크므로 분할해 팔면 수익은 더욱 극대화된다. 이때 분할한 모든 필지는 도로에 접하도록 말이다.

다만, 사례의 필지는 뒤 땅의 용도지역이 농림지역(농업진흥구역)인 점이 아쉽다. 아무래도 농업진흥구역은 규제가 강하기 때문에 합필해도 그리 큰 매력이 없다. 만약 뒤 땅이 계획관리지역이었다면 가치가 달라진다. 이런 경우 접도구역이더라도 앞 땅을 꼭 매입해 뒤 땅과 합필하면 전체 면적이 도로에 접한 토지가 되어 가치가 상승한다. 그러므로 여러분도 접도구역이라도 무조건 나쁘다고 생각하지 말길 바란다. 접도구역인 덕분에 싸게 매입할 수도 있고, 뒤 땅과의 연계성을 생각해 수익을 극대화할 수 있으니 열린 마인드로 투자에 임하길 바란다.

도로인 줄 알지만,
실상은 신기루다

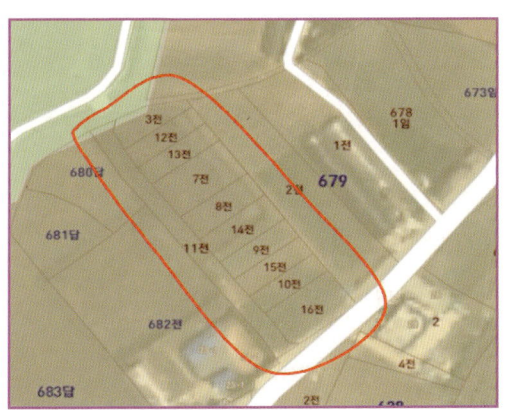

기획 부동산 회사가 분할해 판 농지

사진에서 보듯, 큰 필지의 농지가 10여 개로 분할되어 매각되었다. 이 땅을 산 사람들은 분할된 필지 옆으로 보이는 길(지목 전)을 도로라고 믿고 산 것이다. 보기엔 필지를 따라 길쭉하게 있어 도로처럼 보일 수도 있다. 필지를 분양할 때 이 부분을 도로라고 강조했을 수도 있다.

붉은 선 부분을 도로로 믿은 사람들

실제 필지 모습

 하지만 이 부분은 도로가 아니다. 분할된 필지들의 소유자들과 도로 부분에 해당하는 필지의 소유자가 다르고 지목도 전이다. 건축하려면 건축법상 도로를 갖추거나 면 이하 리지역의 비도시지역에서는 현황도로를 갖춰야 한다. 이 필지는 ○○면 ○○리에 위치한 계획관리지역이어서 현황도로로 건축이 가능하지만, 사진에서 보다시피 밭으로 쓰고 있을 뿐 현황도로가 없다. 따라서 해당 분할된 필지들 중 건축행위가 가능한 땅은 맨 앞의 법정도로에 접한 땅이 유일하고 그 뒤부터 9필지는 건축이 어려운 땅이다.

 물론 가능성이 전혀 없는 것은 아니다. 도로에 쓸 땅을 매입해 사도를 내고 건축을 해도 되지만, 이러면 분할 필지보다 도로에 해당하는 부지값이 더 나갈 수 있다. 도로부지를 매입하지 않고 현 상태에서 도로를 개설하자니 다른 필지 소유자로부터 토지 사용 승낙을 받는 등 동의가 필요하다. 이러면 필지 위치에 따라 이해관계가 달라진다. 2번째 필지 소유자는 앞 사람에게 토지 사용 승낙을 받으면 되지만, 뒤 필지로 갈수록 토지 사용 승낙을 받아야 할 소유자 수가 늘어나 현실적으로 쉽지 않다. 결국, 해당 필지에 건축한다는 것은 매우 어려운 일이 되어

버리고 마는 것이다.

 실제 이 땅은 기획 부동산 회사가 약 10년 전 팔아먹은 필지로, 이때 매입한 분들은 현재까지도 그대로 소유권이 묶여 있다. 현실적으로 맹지인 탓에 다시 되팔 수가 없기 때문이며, 팔더라도 기존 매입가에 비해 형편없는 가격으로 팔아야 하니 울며 겨자 먹기로 보유하고 있다. 그러므로 기획 부동산 회사가 설계도상에 도로 부지로 그려놓은 땅을 보고 도로라고 믿어서는 안 된다. 건축 인허가권자가 인정하는 도로여야만 도로라고 말할 수 있다.

PART 8

토지, 오를 수밖에 없는 이유

공급이
한정적이다

    토지 투자는 어렵다는 선입견 때문에 초보 투자자일수록 접근을 꺼리는 경우가 많다. 하지만 토지 투자 공부야말로 제대로 배워두면 변수가 적고 오히려 예측이 쉬워 여느 부동산 투자보다 수월한 점이 많다.

    바닷가 전망 좋은 곳에 펜션 한 채를 지었다고 가정해보자. 이후 관광객이 늘어 숙박할 곳이 부족해지자 인근에 펜션 한 채가 또 지어졌다. 그 후에도 꾸준히 관광객이 늘자 바닷가 주변에 펜션들이 쭉 들어서게 되었다. 이제 바다 조망이 보이는 곳엔 더 이상 펜션 지을 토지가 없다. 그런데도 관광 수요가 늘자 이후에는 바다가 보이지 않더라도 인근 토지에 펜션을 지어 '바닷가 도보 10분'이란 방법으로 홍보한다. 하지만 인근에 펜션이 지어질수록 바다 조망이 보이는 펜션의 가치는 더욱 올라간다. 자리가 없어 바닷가 쪽에 짓지 못하는 원리를 누구나 알기 때문이다. 이처럼 토지의 부증성(더 이상 증가하지 않음)으로 인해 입지가 좋은 곳의 토지는 시간이 지날수록 가치가 더욱 높아지는 경향이 있다. 이런 곳을 선점할 수 있는 안목을 지닌다면 재테크의 성공이 바짝 다가올 것이다.

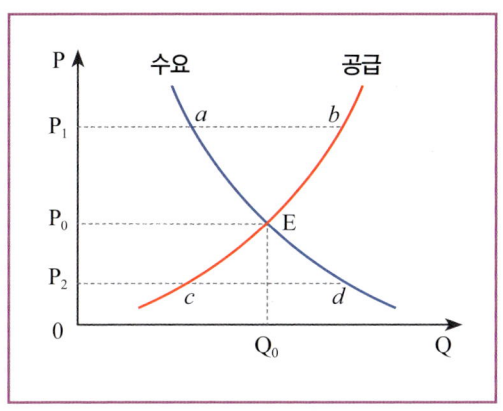

시장경제의 수요·공급 그래표(P : 가격, Q : 양, E : 균형점)

시장경제에서 말하는 수요·공급 그래프를 보면 가격이 상승하면 더 많은 마진을 남길 수 있으므로 공급은 증가하지만, 비싼 값을 지불하기 꺼리는 소비자의 수요는 감소한다. 가격이 하락하면 많은 마진을 남길 수 없으니 공급은 감소하지만, 저렴한 가격으로 소비자의 수요는 증가한다. 결국, 수요와 공급이 만나는 지점에서 가격이 형성되므로 가격과 수요 및 공급은 떼려야 뗄 수 없는 관계다. 정리하자면 가격이 상승하려면 수요가 증가하면서 공급이 부족해야 한다. 토지는 부증성으로 인해 공급이 증가할 수 없으므로 수요가 증가하는 곳에 투자하는 게 가장 중요한 포인트다(해안 매립으로 인해 가용 토지가 생긴 경우 이는 토지가 증가했다기보다 토지의 용도가 바뀌었다고 보는 게 타당하다).

Plus tip! 아파트 투자보다 더 쉬운 게 토지 투자다

사람들은 아파트 투자가 쉽다고 생각한다. 그래서 초보 투자자가 처음 접근하는 부동산 종목도 아파트인 경우가 많다. 하지만 나는 아파트 투자가 어렵다고 생각한다. 그 이유는 공급과 수요를 늘 크로스 체크해야 하기 때문이다. 또한, 정책 등 외부 영향을 많이 받는 종목이라 어느 순간 방향이 바뀔지 모른다. 이에 반해 토지는 부증성으로 인해 수요가 증가할 곳인지 아닌지만 살피면 되니 토지 투자가 훨씬 쉽다.

부동산 경기가 좋으면 토지 가격이 많이 오르고, 경기가 좋지 않더라도 가격이 보합이거나 설사 떨어져도 소폭인 경우가 많다. 하지만 아파트는 상황에 따라 롤러코스터처럼 가격 등락이 심하니 어찌 맘을 졸이지 않을 수 있을까! 실제 내가 스터디그룹을 운영한 지 7년이 넘었는데, 이곳에 오는 회원 중 초보 투자자들은 처음에는 아파트에 관심을 둔다. 하지만 2년 정도 지나면 "아파트보다 토지 투자가 더 쉽다는 말이 이해돼요"라며 공감하는 경우가 많다.

여러 가지 종류로 활용할 수 있다

토지는 용도지역에 따라 여러 가지 용도로 사용할 수 있는 특징이 있다. 주택을 지어 주거지로 이용할 수도 있고, 상가를 지어서 상업지로 이용할 수도 있다. 또는 공장을 지어서 공업지로 이용할 수도 있을 것이다. 이렇듯 하나의 토지는 상황에 따라 여러 개의 용도로 이용될 수 있는데, 이러한 여러 가지 용도 중 가장 좋은 용도로 사용하는 것을 '최유효이용'이라고 한다.

예를 들어 어느 토지에 1,000세대의 아파트를 짓는다고 보자. 완공되면 1,000세대에 달하는 인구가 유입될 것이다. 이후 옆의 토지에 또다시 1,000세대의 아파트를 짓는다고 했을 때, 이 아파트를 원하는 수요자가 2,000세대라면 아파트값은 오를 것이다. 하지만 아파트를 원하는 수요자가 500세대라면 남은 500세대는 분양이 안 되며 전반적으로 아파트 가격이 하락할 것이다. 이렇게 되면 시행사는 자금 회수가 어려울 수 있다. 그러므로 처음부터 1,000세대의 아파트를 지을 게 아니라 500세대의 아파트와 남은 부지에는 상업시설을 짓는 게 더 효과적일 것이다. 이렇듯, 토지는 고정되어 있는 게 아닌 수요에 따라 용도를 다양하게 활용할 수 있는 장점이 있다.

> **Plus tip!** **토지는 어떻게 사용하느냐에 따라 가치가 달라진다**
>
> TV 등 일반 재화는 누가 사용하더라도 가치 차이가 크게 나지 않는다. 즉, 집에서 사용하든, 사무실에서 사용하든 똑같은 TV다. 하지만 토지는 용도가 다양해 똑같은 토지인데도 A가 보유할 때는 가치가 형편없다가도 B가 보유할 때는 대박 나는 경우가 있다. 이는 토지를 어떤 용도로 이용하는가에 따라 가치가 크게 달라졌기 때문이다. 따라서 최고로 유효하게 이용하기 위한 노력이 필요하며, 토지의 가치를 평가할 때도 최유효이용을 전제로 하게 된다.

건물은 낡지만,
토지는 영원하다

사람들은 아파트 투자를 할 때 건물을 보는 경향이 많다. 그래서 구축이니 신축이니 하는 말들로 투자 여부를 결정하는 경우가 많은데, 이는 바람직한 투자 모습이 아니다. 처음 아파트를 분양할 때 대지비와 건축비가 합산된 가격으로 분양한다. 또한, 전용 면적 85㎡ 이상인 경우 건축비의 10%에 해당하는 부가가치세가 추가로 부과된다. 건물은 시간이 흐를수록 낡아지므로 건물 가격은 내려갈 수밖에 없다. 실무에서는 연 2.25~3% 정도의 감가를 염두에 두므로 지은 지 30년이 지난 아파트는 건물의 잔존가치가 10% 내외인 경우가 많다. 그런데도 아파트 가격이 계속 올랐다면 이는 건물이 오른 게 아닌 땅값이 오른 것이다.

이처럼 건물은 시간이 지나면 가치가 떨어지는 감가상각의 대상이지만 토지는 물리적 감가상각의 대상이 아니다. 따라서 건물 가치 하락분

보다 토지 가치 상승분이 커야 부동산의 가치는 상승할 수 있다. 그러므로 여러분이 아파트 투자를 할 때도 반드시 토지의 가치를 알아야 투자에서 성공할 수 있다. 그런데 초보 투자자일수록 토지는 어렵다는 편견 때문에 건물만 보고 아파트 투자를 시작하니 참으로 아이러니하다.

부자들은 토지를 좋아한다

기업의 회계 장부를 보면 모든 자산은 감가상각 항목이 있다. 즉 시간이 지날수록 가치가 하락한다는 이야기다. 그런 자산들은 진짜 재산이 아니라는 이야기와 일맥상통한다. 또한, 모든 자산은 화재보험을 비롯한 각종 보험에 가입한다. 감가상각이 되는 자산뿐만 아니라 시간이 갈수록 가치가 상승하는 그림이나 문화재도 보험가입이 필수다. 불이 나면 끝장이기 때문이다. 그래서 고가의 그림이나 문화재도 진짜 재산이 될 수가 없다.

반면 토지는 감가상각 대신 해마다 가격이 오르는 자산이다. 그래서 기업은 수년마다 자산재평가를 통해 기업의 가치를 올리고 있다. 또한, 토지는 화재보험 가입을 하지 않는다. 토지는 일시적으론 훼손 가능해도 영원히 훼손시킬 수 없기 때문에 보험가입의 필요성이 없다. 게다가 토지는 더 이상 생산이 되지 않는다. 수요는 있고 공급이 없는 상품이기에 좋은 토지는 안심 투자 상품이 되는 것이다. 골동품이나 명화가 비싼 이유가 좋은 토지와 같이 생산은 되지 않고 수요만 존재하기 때문이다. 좋은 토지는 모든 조건을 가지고 있기 때문에 진짜 재산이 될 수 있다.

그래서 부자들은 진짜 재산인 토지와 금을 좋아한다. 그래서 많이 가지기 위해 노력하고 또 실제로 많이 갖고 있다.

> **Plus tip!** 　**자유자재로 크기를 변형할 수 있다**
>
> 여러분이 100평대의 주택을 소유하는 경우, 매매하고 싶지만 큰 크기 때문에 팔기 어려운 경우가 많다. 반대로 5평짜리 주택을 소유하고 있지만, 너무 작은 크기 때문에 찾는 사람이 드물 수 있다. 이처럼 이미 지어진 건물은 크기를 변형시키기 어려워 원하는 타이밍에 팔기 힘들 수 있다. 하지만 토지는 다르다. 큰 면적 때문에 토지가 안 팔린다면 나눠 팔 수도 있고, 너무 작은 면적 때문에 팔기 어렵다면 옆 땅과 합해서 팔 수도 있다. 토지 소유자는 토지를 이용 목적에 따라 자유로이 분필 및 합필함으로써 활용도를 증가시킬 수 있다.

아파트 vs 토지 상승률 비교

　2020년 초 기준, 우리나라에서 평(3.3㎡)당 단가가 가장 비싼 아파트는 개포주공 1단지로 평당 약 1억 5,000만 원이다. 사람들은 이 가격을 보고 많이 놀란다. 10평만 잡아도 15억 원이니 말이다. 개포주공 1단지의 과거부터 시세 추이를 살펴보면 2006년 1월 당시 매매 시세는 평당 4,100만 원대였다. 이후 7년 가까이 보합을 보이다가 2012년 말부터 최근까지 가격이 상승해 2020년 초 기준 1억 5,000만 원이다. 그렇다면 2006년 1월부터 2020년 1월까지 14년 동안 약 350% 정도 올랐다고 볼 수 있다.

　개포주공 1단지와 쌍벽을 이루는 반포주공 1단지도 마찬가지다. 2006년 1월 평당 3,500만 원인 시세가 2012년 말까지 7년 가까이 보합을 보이다 그 이후로 상승해 2020년 1월 기준 1억

400만 원 정도다. 따라서 14년간 300% 정도 상승했다고 볼 수 있다. 부산의 삼익비치도 살펴보자. 이 아파트도 2006년 1월 평당 730만 원에 거래되었는데 2012년 말까지 보합을 보이다 그 후로 상승해 2020년 1월 기준 당 2,600만 원 선이다. 따라서 14년 동안 350% 상승했다고 볼 수 있다. 이처럼 전국의 내로라하는 아파트들을 살펴보니 14년 동안 300~350% 정도 상승해 물가 상승률에 비해 큰 폭으로 상승했음을 알 수 있다.

하지만 이 상승 폭도 토지 상승률에 비하면 크지 않다. 한 예로 제주도의 월정리 해변의 경우, 2012년도에 답사 갔을 때 평당 150만 원 전후였다. 당시만 해도 바닷가에 인접한 땅은 가격이 그리 높지 않았다. 태풍 및 해일의 우려로 인해 바다와 일정 거리를 띄는 것을 선호하던 분위기였기 때문이다. 하지만 그 후 저가항공의 등장으로 제주도 관광 인파가 늘어나자 제주도 1일 관광권 시대가 되었다. 그로 인해 에메랄드빛 바다가 보이는 곳에 카페 및 음식점들이 생기기 시작했고, 땅값은 가파르게 상승곡선을 그리기 시작했다. 2019년 같은 지역을 답사 갔을 때 평당 2,000만 원을 전후한 가격대가 형성되어 있어 7년 사이 1,300%의 상승률을 보였다. 게다가 바다 조망이 보이는 토지는 매물로 나와 있지도 않아 그야말로 바다 조망 땅은 부르는 게 값이라는 말이 돌 정도였다.

부산 해운대도 마찬가지다. 해운대역에서 내려 해운대해수욕장으로 가는 구남로 일대 도로가 정비되면서 가격이 많이 상승했다. 2012~2014

년 평당 2,500~3,000만 원 전후하던 토지 시세가 2014~2017년에는 평당 5,000~7,000만 원으로 상승했고, 2018~2019년에는 평당 1억 원 전후까지 올랐다. 게다가 평당 1억 5,000만 원~2억 원의 호가 매물까지 등장하니 짧은 기간 동안 얼마나 토지 시세가 상승했는지 알 수 있다. 해운대구 엘시티 옆의 부지도 마찬가지다. 2010년 평당 600만 원 하던 시세가 2014년에는 평당 1,000만 원으로 올랐고, 2018년에는 평당 3,000만 원을 넘었으니 8년 사이 500%의 상승률을 보였다. 또한, 기장군 기장읍의 오시리아 관광단지를 보면 2008년 평당 100~150만 원 하던 부지가 2018년에는 평당 2,500~3,000만 원으로 올라 10년 사이 2,000%의 상승률을 보였다. 그러니 아무리 아파트값이 많이 올랐다 하더라도 토지의 상승률에 비하면 그리 큰 폭이 아니므로 부동산 재테크로 성공하고 싶은 분들은 꼭 토지 투자를 시작하기 바란다.

> **Plus tip!** **선호하는 용도지역 순위**
> - 1순위 : 주거지역, 상업지역, 공업지역
> - 2순위 : 자연녹지지역, 계획관리지역
> - 3순위 : 생산관리지역
>
> 보전녹지지역, 보전관리지역, 농림지역, 자연환경보전지역은 행위 제한이 많은 곳이니 가급적 투자에 신중하길 바란다.

PART
9

투자 마인드만 맞춰도 이미 성공이다

남들이 팔려고 할 때 사고,
사려고 할 때 팔자

    부동산으로 돈을 버는 법은 간단하다. 쌀 때 사서 비쌀 때 파는 것이다. 누구나 아는 단순한 이치지만, 생각만큼 이를 지키는 사람은 많지 않다. 곰곰이 생각해보자. 여러분이 투자를 시작하려는 때는 언제인가? 부동산 가격이 급등하고 있다는 뉴스가 하루가 멀다고 들려올 때 아닌가. 아니면 부동산 가격이 폭락하고 있다는 소식이 들려올 때인가? 아마도 전자일 것이다. 가격이 오르고 있다는 소식에 투자 욕구가 끓어올라 참여하게 된다. 다만, 이마저도 빨리 참여하면 좋은데 재느라고 머뭇거리다 부동산 투자로 돈 벌었다는 주변 사람들이 나오기 시작하면 '더 늦기 전에'를 외치며 참여하게 된다. 하지만 이를 곰곰이 생각하면 이미 가격이 충분히 올랐는데 뒤늦게 참여하는 꼴이 된다.

50년 동안 3,000배 올랐지만, 돈이 없는 이유

　과거부터 현재까지 부동산은 끊임없이 올랐다. 1964년 전국 부동산의 가격은 1조 9,000억 원이었지만, 50년 후인 2015년 추정치는 5,800조 원이다. 50년 만에 3,030배가 증가한 것이다. 단적으로 이야기하면 우리 부모님 또는 조부모님 세대가 1억 원짜리 부동산을 그냥 보유하고만 있어도 50년 후엔 3,030억 원이 되어 있다는 말이다. 1,000만 원짜리는 300억 원이 되었고, 100만 원짜리는 30억 원이 되었다. 이런 이치로 보면 현재 가구당 최소한 30억 원 정도는 보유하고 있어야 맞다. 그럼에도 불구하고 대다수 분들이 부자가 아니다. 왜 그럴까?

　부동산이 장기적으로 우상향한 것은 맞지만 지속적으로 오르기만 한 것이 아니다. 그 안에는 굴곡이 있다. 가격이 내리기도 하고 오르기도 하며 장기적으로 우상향하는 그래프를 보인 것이다. 지금 부동산 경기가 매우 좋다는 소식이 연신 들리면 사람들은 너도나도 사려고 한다. 영희 엄마, 철수 엄마가 돈 번 이야기는 구매욕을 자극시키고, 어디 어디가 개발된다는 소문은 가슴에 불을 지피기 좋다. 게다가 주변에서 부동산으로 돈을 번 사람이 점점 많아지면 더 늦기 전에 나도 심정으로 뛰어든다. 반대로 뭘 샀는데 손해를 봤다든지 경기가 최악이라는 소문을 들으면 사려는 사람은 없고 너도나도 물건을 팔려고 해 부동산 시장에도 찬바람이 분다. 결론적으로 경기가 좋으면 사람들은 사러 다니고, 좋지 않으면 팔려고 서두른다. 하지만 사람들이 사려고 할 때 나도 사려고 하면 비싼 값을 치러야 하고, 사람들이 팔려고 할 때 나도 팔려면 헐값에 내놔야 한다. 그러니 쌀 때 사서 비쌀 때 팔아야 하는 이치를 알면서도 정작 행동은 비쌀 때 사서 싸게 파는 우를 범하고 있다.

다수가 가는 길이
맘이 편하다고?

    과거 인류는 사냥해서 먹고살았다. 하지만 인간의 몸은 다른 동물에 비해 약하다. 맹수가 공격해오면 그에 대항할 길고 날카로운 뿔이 있는 것도 아니고, 재빨리 도망칠 빠른 다리가 있는 것도 아니다. 이런 이유로 생존을 위해서는 되도록 무리에서 떨어지면 안 된다. 무리를 지어 움직여야 그나마 잡아먹힐 가능성이 줄어들기에 먹이를 찾을 때는 혼자보다는 여럿이 함께 몰려다녔다.

    지금은 시대가 변했다. 사냥할 필요도 없고 도구도 엄청 진화했다. 그런데도 인간의 몸과 마음은 구석기 시대 사바나에 서 있던 우리 조상의 모습을 닮아 있다. 인간은 불안을 느낄 때 집단에 묻어가려는 군집행동(군중심리)을 한다. 다수에 속해야 맘이 놓이는 군집행동은 한 실험에서도 잘 보여주고 있다.

> 1955년, 미국의 심리학자 솔로몬 애쉬(Solomon Asch)는 엘리베이터를 활용한 실험을 했다. 엘리베이터 안에서 사람들은 대개 문을 바라보며 서 있기 마련이다. 그런데 애쉬는 여러 명의 연기자를 고용해 벽면을 바라보고 서게 한 후 피실험자가 어떻게 행동하는지를 실험했다. 놀랍게는 처음에는 문을 바라보고 서 있던 사람들이 주변 사람들의 영향을 받아 슬그머니 벽을 향해 몸을 돌리는 것을 관찰할 수 있었다.

군집행동은 인간의 경제활동에 자주 등장하며 특히 금융 및 부동산 시장에서 위력을 발휘한다. 사람들이 주식, 부동산을 사기 시작하면 다른 사람들은 뭔가 이익이 있을 거라는 막연한 기대를 품고 따라가게 된다. 많은 사람들이 사니 가격은 더 오르고, 오른 가격은 그런 기대를 더욱 뒷받침해준다. 군집행동은 주식, 부동산의 가격을 진정한 가치 이상으로 끌어올리는데 거품은 언젠가 꺼질 수밖에 없다. 가격 하락기에도 상승기와 마찬가지로 불합리한 군집행동이 나타나 가격의 폭락이 발생한다. 역사적으로 유명한 투기, 거품 사건은 모두 인간의 군집행동이 빚어낸 작품이다.

그러므로 투자의 세계에서 오래 살아남으려면 남들과 반대로 가야 한다. 물론 처음에는 혼자 가는 그 길이 두렵고 용기가 필요하다는 것을 안다. 하지만 이 또한 연습이 되면 매 순간 어느 길로 갈지 판단할 수 있을 것이다.

뒷사람이 먹을 걸
남기고 빠져나와야 한다

　부동산에서 시세차익을 보려면 어찌 되었든 본인이 산 가격보다 더 비싼 가격에 팔고 나와야 한다. 그렇다면 이 부동산을 사 줄 사람은 누굴까? 아마도 더 오를 것이란 기대감을 가진 사람일 것이다. 본전이거나 혹여 떨어진다는 마음이 들면 살 이유가 없기 때문이다. 사람들은 바닥에서 사서 꼭지에 팔려고 한다. 하지만 신이 아닌 이상 어디가 바닥이고, 어디가 꼭지인지 알 수 없다. 만약 다들 바닥이라고 느낀다면 매물은 나오지 않을 것이며, 다들 꼭지라고 느낀다면 매수자는 없을 것이다. 그러므로 바닥에 사려는 욕심, 꼭지에 팔려는 욕심을 버리는 게 좋다.

　우리는 투자자다. 투자해서 원하는 수익을 보면 되지, 그게 바닥이든 꼭지든 중요하지 않다. 하지만 사람들은 이에 집착하는 경향이 있다. 본인이 팔고 나서 얼마 후 더 비싸게 팔린 옆 필지를 보면 싸게 팔았다고 한탄하고, 본인이 사고 나서 더 싸게 나온 옆 필지를 보면 비싸게 샀다고 한탄한다. 거듭 말하지만, 누구도 바닥과 꼭지를 알 수 없고 그 가치를 알아볼 뿐이다. 가치가 없는 땅을 비싸게 샀다면 문제지만, 가치가 충분히 있음에도 단지 눈에 보이는 숫자에 현혹되어 비싸게 샀다고 한탄한다. 또한, 충분한 수익을 봤음에도 더 비싸게 팔 수 있었다고 한탄한다.

투자의 세계에서 지나친 욕심은 금물이다. 본인이 산 후에는 가격이 쭉쭉 올라주고, 판 후에는 쭉쭉 내려주면 좋겠지만 실제는 그렇지 않다. 오르더라도 경기 영향, 금리 등의 문제로 파동을 그리며 오를 수 있고, 내리더라도 일시적으로 가격이 급등했다가 내려갈 수 있다. 그러니 본인이 정한 수익을 얻었으면, 그것으로 만족하고 기분 좋게 나와야 한다. 혼자서 다 먹겠다고 꽉 잡고 있다가는 화를 부른다.

'위대한 바보'라는 말이 있다. 주가 또는 부동산이 상승하는 시기, 내가 산 금액 이상으로 누군가가 사 줄 것이라는 기대감을 가지고 시장에 뛰어드는 사람들을 칭한다. 누군가가 존재한다면 난 바보가 아니지만, 존재하지 않는다면 난 바보가 된다. 지금 여러분은 부동산 시장의 위대한 바보일까, 그렇지 않을까? 위대한 바보가 되지 않으려면 현실적인 눈으로 시장을 보면서 뒷사람이 먹을 걸 남겨놓고 빠져나와야 한다.

핑계는 스스로의
위안일 뿐이다

　실패하는 사람들은 이른바 '핑계병'이라는 질환에 걸려 있는 경우가 많다. 이런 핑계병은 성공한 사람과 성공하지 못한 사람들의 차이를 분명하게 보여준다. 즉, 성공한 사람일수록 핑계를 대지 않지만, 아무런 계획과 목표도 없는 사람일수록 으레 자신의 언행에 대한 온갖 이유를 갖고 있다. '하지 않는 이유', '할 수 없는 이유' 등을 열심히 갖다 붙인다. 흔히 '나는 너무 나이가 많아' 또는 '나는 너무 젊어'라고 말한다. 하지만 안타깝게도 이런 핑계는 수많은 기회의 문을 닫아버린다. 나이가 맞지 않는다는 핑계로 시도해볼 생각조차 하지 않는 것이다. 스스로 '내 나이는 이런 일을 하기에 딱 맞다'라고 생각하는 사람은 놀랍게도 소수에 지나지 않는다. 나이는 숫자일 뿐이다. 나이가 축복이 될지, 장애가 될지는 전적으로 마음 자세에 달렸다.

환경이 조금 더 좋았더라면 하는 핑계는 스스로를 위안하기에 적당할 뿐이다. 모두 같은 조건임에도 어떤 사람은 즐겁게 일하고, 어떤 사람은 방황하며, 어떤 사람은 미래 계획을 짠다. 핑계로 합리화를 하는 사람들은 성공하기 힘들다. 자신의 단점을 인정하는 것이 아니고, 자존심이 센 것이며, 자신을 전혀 바꾸려 하지 않기 때문이다.

절박함이 생명력을 불어넣어 준다

어느 운송업체가 북해에서 잡은 청어를 산 채로 런던으로 운송해달라는 주문을 받았다. 대부분의 청어가 운송 도중 죽어 신선도가 떨어지므로 산 채로 운송해야 제값을 받을 수 있었기 때문에 운송업체로서는 고민이 이만저만이 아니었다. 고심을 거듭한 끝에 역발상 아이디어가 떠올랐다. 바로 청어에게 절박감을 부여한 상황 설정이었다. 청어를 운반하는 용기에 바다메기 두 마리를 넣은 것이다. 청어를 잡아먹으려는 메기를 피해서 기를 쓰고 도망 다닌 청어들은 목적지까지 생명을 유지할 수 있었다. 바다메기가 잡아먹은 고기는 고작 두 마리에 불과했다.

투자를
두려워하지 말자

　돈이 돈을 벌게 해준다는 말이 있다. 부동산을 통해 돈에 구애받지 않다 보니 나의 생활은 진정 자유로워졌다. 남의 밑에서 월급을 받다가 무기력하게 노후를 맞지 않게 되었으며, 금융을 터득해 내 돈 없이도 투자가 가능해졌다. 지금은 늦었다고 생각하시는 분들은 어디를 가든 두려울 것이다. 투자란 늘 이기는 것도 아니고, 실패만 하는 것도 아니다. 이기고 지는 데 너무 예민해질 필요가 없으며, 시간이 흐를수록 경험으로 승화되어 내공으로 이어진다는 게 내 철학이다.

　초보자는 지는 것을 싫어한다. 아니, 정확히 말하면 두려워한다. 실력은 부족한데 잘나가는 남들을 보면 부러움을 넘어 질투가 난다. 내 수입에 맞춰 살자니 인생이 궁상맞은 것 같고, 쓰고 살자니 돈 때문에 싸우고 돈 걱정에 벌떡 일어나는 일이 비일비재하다. 목표가 없기에 정신적·육체적으로 망가지기 쉽다.

이미 오른 것 같아 사야 할지 망설일 때

"20년 뒤, 당신은 지금 한 일보다 하지 않은 일 때문에 더 후회하게 될 것이다."

마크 트웨인(Mark Twain)이 남긴 명언이다. 살아가면서 사람들은 많은 후회와 미련을 갖는다. 후회 한 점 없는 삶을 산다는 것은 기적과도 같은 일이다. 그러니 우리가 할 수 있는 일은 후회를 물리치는 방법을 익혀 후회가 적은 삶을 사는 것이다. 부동산 투자를 두려워하는 분들이 많다. 부동산 공부는 많이 했지만 정작 투자는 한 번도 해보지 못한 분들도 많다. 이분들은 대개 "그러다 값이 내려가면 어떡해요?"라는 말을 한다. 그에 대한 나의 답변은 이렇다.

"아마 그 불안감에 이제껏 투자를 못 하셨을 거예요. 아마 3년 후에 돌아보면 그때 투자를 하지 않은 걸 후회하실 거예요."

투자해본 분들도 대부분 아파트를 좋아한다. 하지만 아파트는 부동산 투자 중 일부이므로 현명한 투자자라면 부동산 투자를 해야지, 아파트 투자만 해서는 안 된다. 대세 상승기에는 아파트 투자가 수월하지만, 그 외에는 토지가 더 이익이 남는 경우가 많다. 일대의 부동산 가격이 올라 살지 말지를 고민하는 분들이 많다. 앞으로 뻔히 떨어진다면 굳이 살 필요가 없는 게 당연하다. 하지만 미래 일을 누가 장담하겠는가? 그래서 시장과 지역을 보는 눈을 키워야 한다. 부동산 시장이 대세 상승기에 접어들었을 땐 경제적인 시각을 키워야 하며, 시장이 좋지 않을지라도 오를 가능성이 짙은 곳을 찾아야 한다. 이는 국토개발계획, 토지개발계획, 지역의 실거주자 이동 동선 등을 체크하며 감각을 키워 나가야 한다.

돌이켜보면 그때 샀어야…

그동안 부동산 투자를 해보니 사실 입지 좋은 곳의 좋은 물건은 비싸지 않을 때가 없었다. 나도 그 당시에는 너무 비싸다는 생각에 사지 않았던 물건도 많았는데 시간이 지나고 보니 그 물건이 가장 많이 올라있는 모습을 봤다. 이런 경험들이 쌓여 지금은 비싸도 살 수 있는 자신감이 생겼다. 역시 사람은 경험해봐야 한다. 사람들은 잘못된 선택을 할까 봐 고민을 많이 하는데, 그것을 결정할 수 있는 용기는 바로 그간 쌓아온 노하우와 경험들이다. 또한, 좋은 물건을 소개해준 부동산 중개사무소 사장님에게 수수료를 더 챙겨주는 게 좋다. 어떤 이들은 수수료를 깎아보려고 한다는데, 참 어리석은 일이다. 수수료를 더 챙겨주면 나중에 좋은 물건이 나왔을 때 먼저 연락이 오게 되어 있다.

> **입지에 따른 투자 전략**
>
> - 상급 입지 : 가격이 비싸지만, 많이 오른다. 평당 200만 원이던 가격이 400만 원이 되는 식이다(100% 상승). 가치가 높기 때문에 싸게 사는 것이 힘들다. 따라서 일찍 선점하는 것이 중요하다. 가격이 비싼 만큼 투자금이 많이 들어가며 중장기 투자 시 유리하다.
> - 하급 입지 : 가격이 싸지만 적게 오른다. 평당 100만 원이던 가격이 150만 원이 되는 식이다(50% 상승). 투자금이 적게 들어가 부담이 덜하지만, 상승률이 낮기 때문에 싸게 사는 것이 무엇보다 중요하다. 단기 투자로 치고 빠져 그 돈으로 상급지로 옮겨가는 전략이 필요하다.

부동산 투자의 결론은 시간 싸움이다. 너무 재느라 투자를 못 하는 사람, 그렇다고 앞뒤 안 보고 너무 급하게 가는 사람은 실속이 없다. 다 먹겠다고 너무 욕심을 내는 사람보다 조금 더 주고 사고, 조금 덜 받고 파는 사람이 결과적으로 돈을 더 버는 모습을 많이 봐왔다. 누구나 지난날의 미련은 있다. 하지만 후회와 자책으로 자신의 일상생활을 해치는 사람이 있는가 하면, 더 나은 삶을 살아가는 추진력으로 이용하는 사람도 있다. 3년 전에 있었던 일이든 2시간 전에 일어났던 일이든, 그 일에 대한 후회와 자책에 짓눌려 있다면 현재의 삶을 온전하게 살아갈 수 없다. 그러므로 지난 미련은 버리고 앞날의 투자에 경험으로 삼아보자. 투자 한 번 하고 말 것 아니지 않은가!

에필로그

 적으면 수백만 원에서 많게는 수억 원이 소요되는 부동산 투자를 앞두고 많은 고민을 하게 된다. 이런 부동산 투자에서 어떤 사람은 성공하고, 어떤 사람은 실패한다. 그동안 주변의 다양한 투자 사례를 보니 실패하는 사람들의 모습 가운데 공통적인 몇 가지가 있는데, 그중 대표적인 게 원칙 없는 조급함과 싼 가격이다.

1. 원칙 없이 조급해한다
 원칙과 기준이 없는 사람은 작은 이슈에도 조급해하거나 걱정한다. 또한, 성공한 사람들을 동경하고 그 사람들이 오랫동안 이룬 것을 짧은 시간에 자신도 이루려고 한다. 누군가를 롤 모델로 삼는 건 좋지만, 질투심에 사로잡혀 단기간에 추월하려는 것은 무리수를 둘 가능성이 커 위험하다. 운 좋게 부동산 몇 건 투자로 대박이 날 수도 있지만, 이 또한 실력이 바탕이 되어야 그런 부동산을 만날 수 있다.

2. 무조건 싼 가격, 급매물만 기다린다
 저렴한 가격은 투자의 매력적인 요소지만, 단지 가격이 싸다고 좋은 물건이란 뜻은 아니다. 저렴한 물건과 급매물은 다르다. 급매물은 매도자의 상황, 시장 상황에 따라 나올 수도 있고 나오지 않을 수도 있다. 그런데도 무조건 급매물을 찾아달라고 하면 부동산 중개사무소 사장님은 어떤 생각이 들까? 또한, 급매물이 있더라도 처음 보는 사람에게 급매물을 전해줄까? 그렇지 않다. 진짜 좋은 급매물은 중개사무소에서 직접 취하거나 기존의 거래관계가 좋은 고객들에게 돌아간다.

원칙이 있는 기다림이 필요하다

아파트 규제가 심해지면서 토지에 관심을 두는 분들이 많아지고 있다. 좋은 토지에 투자하는 것은 아파트 투자에 비할 바가 아닐 정도로 높은 수익률을 가져다준다. 하지만 같은 토지에 투자했음에도 모두 같은 수익률을 누리는 것은 아니다. 조급한 성향을 가진 분은 토지 투자에서 만족할 만한 수익률을 얻지 못하는 경우도 있다. 한 예로 투자용으로 토지를 사놓고 일주일이 멀다 하고 중개사무소에 전화를 걸어 시세가 어떻게 되냐고 묻는 분도 있었다. 이러니 어찌 원하는 수익률을 얻을 수 있겠는가!

진정한 토지 투자자는 원칙이 있는 기다림을 지닌 사람이다. 투자 목적으로 샀으면 해당 개발계획이 실현될 때까지 진득하게 기다릴 수 있는 의지가 필요하다. 양은냄비 끓듯이 수시로 기분이 오르락내리락해서는 토지 투자의 성공을 장담하기 어렵다. 이는 뜸이 제대로 들어야 밥맛이 좋은데 기다리지 못하고 섣불리 뚜껑을 열어버리는 것과 같다. 모든 부동산 투자는 일정 시간 이상의 기간을 필요로 한다. 특히 투자라는 것은 생각하지 못한 변수들이 늘 등장하므로 긍정적인 마인드를 갖는 게 중요하다.

소액, 투자의 시작이다

처음부터 큰돈으로 투자를 시작하는 사람은 거의 없다. 500만 원, 1,000만 원의 투자금이 점점 불어나 어느 순간 제법 큰돈을 굴리는 투자자가 되는 것이다. 부동산 투자를 한 사람은 한 건으로 끝나지 않는다(제대로 된 투자를 전제로 함). 여러 부동산에 투자 감각을 넓히며 다방면으로 도전한다. 이렇게 몇 년이 지나면 자칭 부동산 전문 투자자 소리 듣게 되지만, 분명한 건 처음부터 전문가는 아니었단 점이다. 본인이 노력했고, 그에 걸맞게 많은 공부(이론 + 실전 경험)를 한 결과, 자연스레 이룩한 것이다. 그러니 이래저래 해서 안 된다, 힘들다, 어렵다 하는 핑계는 대지 말고 어떻게 하면 될까, 이룰까, 해낼까를 생각해보자.

부동산 투자, 제대로 하려면 땅부터 하라
한 권으로 끝내는 토지 투자 성공공식

초판 1쇄 2021년 4월 12일
초판 4쇄 2022년 4월 15일

지은이 고경민
펴낸이 서정희   **펴낸곳** 매경출판㈜
기획제작 ㈜두드림미디어
책임편집 최윤경   **디자인** 노경녀 n1004n@hanmail.net
마케팅 강윤현, 신영병, 이진희, 김예인

매경출판㈜
등록 2003년 4월 24일(No. 2-3759)
주소 (04557) 서울특별시 중구 충무로 2(필동 1가) 매일경제 별관 2층 매경출판㈜
홈페이지 www.mkbook.co.kr
전화 02)333-3577
이메일 dodreamedia@naver.com(원고 투고 및 출판 관련 문의)
인쇄·제본 ㈜M-print 031)8071-0961
ISBN 979-11-6484-222-3 03320

책 내용에 관한 궁금증은 표지 앞날개에 있는 저자의 이메일이나 저자의 각종 SNS 연락처로 문의해주시길 바랍니다.
책값은 뒤표지에 있습니다.
파본은 구입하신 서점에서 교환해드립니다.

부동산 도서 목록

   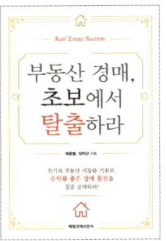

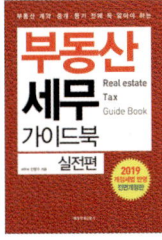

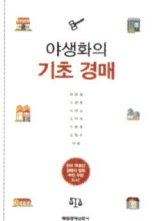

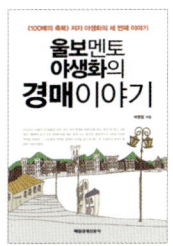

㈜두드림미디어 카페(https://cafe.naver.com/dodreamedia)
Tel : 02-333-3577   E-mail : dodreamedia@naver.com